Leopold von Ranke und die Kunst

Heinz Duchhardt

Leopold von Ranke und die Kunst

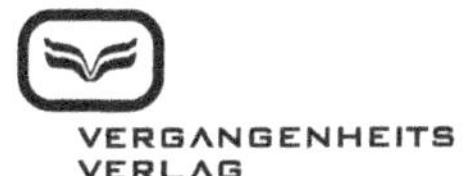

Impressum

Bibliografische Informationen der Deutschen Nationalbibliothek
Die Deutsche Nationalbibliothek verzeichnet diese Publikation in der Deutschen Nationalbibliografie; detaillierte bibliografische Daten sind im Internet über
http://dnb.d-nb.de abrufbar.

ISBN: 978-3-86408-316-7

Korrektorat: Alexander Schug

Grafisches Gesamtkonzept, Titelgestaltung, Satz und Layout: Stefan Berndt – www.fototypo.de

Inhalt

Vorwort

Das vorliegende Bändchen, das Studien zur aktiven Beteiligung Rankes an Monumenten der preußischen „Staatskunst" mit Aufsätzen, die Ranke als „Objekt" der Kunst zeigen, und einem Beitrag zu seiner hohen Wertschätzung der italienischen Malerei des Quattro- und Cinquecento verbindet, schließt an meine früheren Publikationen namentlich zum „alten" Ranke an. Die Abhandlungen, für die aus den Berliner Archiven (Geheimes Staatsarchiv, Archiv der Berlin-Brandenburgischen Akademie der Wissenschaften, Universitätsarchiv [HU]) und dem Göttinger Universitätsarchiv Materialien herangezogen wurden, sind ausnahmslos 2022/23 entstanden. Für freundliche Hinweise danke ich der Kuratorin der Kunstsammlung der Georg-August-Universität Göttingen, Dr. Anne-Katrin Sors, und der Kuratorin der Humboldt-Universität, Dr. Christina Kuhli. Ich freue mich, die neuen Ranke-Studien, die erneut unbekanntes Terrain erschließen, über „meinen" Ranke-Verlag der Öffentlichkeit zu übergeben. Dem Verleger Dr. Alexander Schug danke ich zum wiederholten Mal für sein unvermindertes Interesse und die Betreuung dieses Büchleins.

Mainz, im November 2023 Heinz Duchhardt

Statt einer Einleitung: Ranke und die Kunst

Leopold (von) Ranke war ein Mann des Auges, nicht des Ohrs. Natürlich gibt es Belege, dass er sich an seinen persönlichen Festtagen – Jubiläen, Geburtstagen – mit Musik erfreuen ließ: So verschönte seinen allerletzten Geburtstag im Dezember 1885 ein vierstimmiger Chor mit dem Choral „Nun danket alle Gott" und mit Beethovens Hymne „Die Himmel rühmen des Ewigen Ehre". Seine und Clarissas Silberhochzeit im Herbst 1868 umrahmte der Domchor mit Palestrina-Gesängen. Aber man erfährt nichts, dass Ranke ein leidenschaftlicher oder auch nur regelmäßiger Konzert- oder Opernbesucher gewesen wäre; selbst in Wien und in Italien, wo das musikalische Angebot weitaus reicher und ausdifferenzierter war als in Berlin, sind die Zeugnisse zu Rankes musikalischen Interessen ausgesprochen rar. In seiner Frankfurter Zeit nahm er einmal an einer Aufführung von Haydns „Schöpfung" teil und fand die Melodien immerhin „zart und lauter Liebe"[1]; ebenfalls in Frankfurt ließ er (1823) Händels „Messias" über sich ergehen und beklagte die „Dehnung, Ausführlichkeit, Wiederholung, bedeutungsloses Nudeln in den großen Musikstücken"[2]. In Wien goutierte er die Kirchenmusik eher ausnahmsweise und fand sie in der Franziskanerkirche wenigstens „nicht übel"[3], und seine (relative) Begeisterung für Beethovens Symphonien und Quartette[4] – wobei er die letzteren wohl eher bei privaten Veranstaltungen gehört haben dürfte – steht alles in allem doch eher selten da und schuldete sich wohl auch der Empfängerin des in Betracht kommenden Briefes (Bettina von Arnim), weil er glaubte, damit bei ihr „Punkte" machen zu können. Es scheint einiges dafür zu sprechen, dass Ranke allenfalls der Chormusik ein größeres Interesse zuwandte[5]. Das Schauspiel hat wohl kaum mehr Attraktivität für ihn gehabt; wenn er seinem Freund Heinrich Ritter aus Venedig berichtete, dass er das Theater „fleißig" besuche, dann schränkte er gleich ein: „des Italienischen halber", also aus Gründen der Verbesserung seiner Sprachfertigkeit[6].

Ganz anders sah das bei der Baukunst und vor allem der Malerei aus. Im ersten seiner sogenannten autobiografischen Diktate behauptet Ranke, dass er in der Endphase seiner Studien in Leipzig durch den Freund Anton Richter an die bildende Kunst herangeführt worden sei[7]. Seit Ranke zum allerersten Mal in die „große weite Welt" ausschwärmte, nutzte er jede Gelegenheit, nicht nur die spektakulären Baudenkmäler aufzusuchen und auf sich wirken zu lassen, sondern vor allem die dort und in den Museen und Kirchen aufbewahrten Gemälde. In Dresden, um seine dreijährige Forschungsreise nach Wien und Italien ein wenig nachzuverfolgen, frequentierte er die Gemäldegalerie, wo er beinahe, wenn er nicht gewusst hätte, wie viel noch in anderen Museen ruhe, zum „Kunstkenner" geworden wäre[8]. Im Prager Veitsdom bewunderte er einen (vermeintlichen) Cimabue und einen kleinformatigen Fra Bartolommeo[9], der tatsächlich wohl eher ein Luini war. Ranke hat sich später zusammenfassend zu den in der Dresdner Gemäldegalerie und in Prag befindlichen Bildern geäußert, in einem kleinen Aufsatz, den sein Sekretär Theodor Wiedemann in den letzten Band der „Sämmtlichen Werke“ aufgenommen hat[10] und der unten mit einem kritischen Apparat neu gedruckt wird. Er bedauerte aufs Lebhafteste, dass das Belvedere mit seinen „prächtigen Bildern aus Italien und den Niederlanden“ gegenwärtig unzugänglich war[11], war hingerissen von den „unzähligen Kirchen“ Venedigs und ihren Gemälden[12], war ungeheuer beeindruckt von Tizians „Himmelfahrt Mariae“ in S. Maria Gloriosa dei Frari[13], genoss in Verona die Kolossalstatuen der Pari di Francia, des Orlando und anderer am Turm des Domes [14] und bewunderte in der Nähe von Vicenza die Gemälde von Girolamo dai Libri[15]. Natürlich besuchte Ranke den Geburtsort des „Haupterfinders der venezianischen Malerei“, Giorgiones (Castelfranco)[16] und das Madonnenbild in der dortigen Kirche, ging den Spuren der Bassano in dem gleichnamigen Städtchen nach[17] und ließ sich in Florenz treiben und reflektierte über die kunstgeschichtliche Einordnung Fra Bartolommeos. Bei seiner Rückkehr nach Florenz im Hochsommer 1830 gewann er den Eindruck, dass er über die toskanische Kunst viel „belehrter“ geworden sei als bei seinem ersten Aufenthalt[18]. Und dann natürlich Rom, das es ihm im Vergleich mit Florenz und Venedig freilich schwerer machte und wo er sich, wenn man seinen Briefen vertrauen darf, wohl eher mit den antiken „Überresten“ beschäftigte und anfreunden konnte, wobei er mit seinen Einblicken in die antike Kunst allerdings auch nicht rundum zufrieden war[19]. Die „moderne“ Malerei blieb zu seinem mehrfach geäußerten Bedauern – „der Galerien bin ich noch lange nicht Herr“ – hinter seinen Hoffnungen zurück, obwohl er glaubte, mit den in Rom zugänglichen Gemälden einer Art „Geschichte des inneren Daseins der Nation“ in Reichweite gekommen zu sein[20]. In Bologna, das er auf der Rückreise nach Venedig im Hochsommer 1830 ein weiteres Mal besuchte, betrachtete er „die Bildwerke der dortigen Schule mit den Augen neu gewonnener Einsicht“ mit völlig veränderten Perspektiven[21].

Und dann die Bauwerke: der Prager Veitsdom und die ganze Altstadt einer „der schönsten Städte der Welt“[22], die Burg Karlstein, der Stephansdom in Wien – obwohl „die Kirchen [sein] größtes Studium nicht“ wert wären[23], die er eher der jeweils dort zugänglichen Malereien wegen hochschätzte[24] –, die Canova-Rundkirche in Possagno[25], das Ensemble des Markusplatzes[26], die Palladio-Bauwerke in Vicenza[27], der Palazzo del Te von Giulio Romano in Mantua[28] und vieles andere mehr – in Rom, in Neapel, in Florenz – hat sein begeistertes Interesse gefunden.

Die Reise war in ihrem Kern eine Forschungs- und Archivreise, aber sie hat auch Rankes Kunstverständnis unendlich viel gegeben, und es ist kein Zufall, dass er in seinen großen Werken der 1830er-Jahre immer wieder auf Gemälde zu sprechen gekommen ist, die er in italienischen Kirchen oder Museen persönlich gesehen und studiert hatte.

*

Man könnte ohne große Mühe anhand seiner Korrespondenz die folgenden Jahrzehnte seines Itinerars weiter verfolgen, seiner Archivreisen, die er stets auch mit Besuchen von Kirchen, Galerien und Museen zu verknüpfen wusste: in Paris und in Versailles, wo ihn „die schönste Portraitsammlung, die es giebt", faszinierte[29], in vielen deutschen Reichs- und Residenzstädten, im Haag, in Brüssel und in London, um den geografischen Raum in etwa abzustecken, über den Ranke im Grunde nicht mehr hinauskam: Die iberische Halbinsel und Skandinavien, die baltische Region und Polen, der Balkanraum und Südosteuropa blieben ihm unbekannte, nie „erfahrene" Räume. Aber in künstlerischer Hinsicht waren das im 19. Jahrhundert doch eher noch Randregionen: Mit der mitteleuropäischen Kunst, der französischen, der niederländischen, der englischen und vor allem der italienischen Kunst hatte er sich bestens vertraut gemacht. Und das war ein Pfund, mit dem er in seinen Büchern durchaus zu wuchern verstand.

Denn ein Gutteil der Popularität, die Rankes Bücher aus der Hoch-Zeit seines Wirkens erlangten, verdankte sich gerade dieser Fähigkeit, die Malerei – und die sonstigen „schönen Künste" – in unnachahmlicher Weise in seine Darstellungen politischer Prozesse mit einzubinden. Man mag nachlesen, wie Ranke die Bologneser Malerschule des mittleren 16. Jahrhunderts in ihren Hauptvertretern (Lodovico Caracci, Domenichino, Guido Reni u. a.) und deren anatomische Studien und Hinwendungen zur Natur in eine allgemeine Aufbruchsstimmung eingeordnet hat, wie er die zeitliche Begrenztheit der Schulen Raffaels und sogar Michelangelos thematisiert und in allgemeine geistige Prozesse integriert – ob die neuere Forschung das immer auch so sieht, mag auf sich gestellt bleiben.

Und Ranke hatte in Italien auch viel zur sogenannten Staatskunst gelernt: also den Bauwerken und ihrer Symbolik, den öffentlichen Statuen und ihren Programmen, überhaupt der Kunstpolitik der jeweils herrschenden Dynastie oder des Papstes, der sich immer mit inneren und äußeren Rivalen zu messen und sich ihnen gegenüber durchzusetzen hatte. Und es versteht sich von daher fast von selbst, dass Ranke von seiner eigenen Dynastie, vor allem seitdem ihm das Amt des preußischen Staatshistoriografen zugewachsen war, in deren Staatskunst eingebunden wurde: als Experte, dem man zutraute, für die geplanten Kunstwerke, ihr ikonografisches Programm und die Inschriften, aus seinem reichen Erfahrungsschatz zu schöpfen. Überaus akut wurde dies, seit Preußen ab den späten 1850er-Jahren zu einer neuen Phase seiner gebauten Erinnerungspolitik überging.

*

Im ersten Teil der folgenden Sammlung werden deswegen zunächst zwei Aufsätze zu wichtigen Berliner Denkmälern, die auf die späten 1850er-Jahre zurückgingen und an denen Ranke als Kommissionsmitglied bzw. als Gutachter mitwirkte, abgedruckt: das Reiterdenkmal König Friedrich Wilhelms III. und das Standbild des preußischen Reformers Karl vom und zum Stein.

Im zweiten Teil der Essay-Sammlung wird beleuchtet, dass und wie Ranke zum Gegenstand der Kunst – konkret: der Bildhauerkunst des mittleren und späten 19. Jahrhundert – wurde. Realiter werden die Ranke-Büsten untersucht, die im fraglichen Zeitraum entstanden sind und die dann in Göttingen, Berlin und Wiehe ihren Standort gefunden haben, die aber nicht mehr alle erhalten sind. Die Aufsätze werden zeigen, dass man in den 1890er-Jahren in Berliner Ministeriumskreisen und wohl auch im Umfeld von Universität und Akademie der Wissenschaften glaubte davon ausgehen zu können, dass Ranke in der Reichshauptstadt in absehbarer Zukunft mit einem Ganzfigurendenkmal geehrt und ausgezeichnet werden würde. Dazu sollte es dann freilich nicht (mehr) kommen.

Abschließend wird der oben erwähnte Aufsatz Rankes über die Bestände der Dresdener Gemäldegalerie und der Prager Sammlungen, der unmittelbar nach deren Besuch am Beginn seiner Wien- und Italienreise zu Papier gebracht wurde und der bisher nur relativ versteckt in der posthumen Edition seiner Schriften und Briefe aus dem Jahr 1888 zugänglich war, noch einmal mit einem kritischen Apparat wiederabgedruckt.

Anmerkungen

1 Ranke an Heinrich Ranke, 18. Febr. 1824: SW 53/54, Nr. 23, S. 123.

2 Ranke an Heinrich Ranke, 19. Jan. 1823: SW 53/54, Nr. 17, S. 105f.

3 Ranke an Heinrich Ritter, 4. Jan. 1828: SW 53/54, S. 185.

4 BW S. 139 (Ranke an Bettina von Arnim, 6. Febr. 1828): „"welch eine Welt von Wohllaut mit Flüssen und Bergen, Meeren und Sternen sozusagen, mein' ich".

5 Ranke an Heinrich Ranke, 10. Juni 1828: BW S. 165.

6 Ranke an Ritter, 19. Okt. 1828: SW 53/54, S. 209; BW S. 172.

7 SW 53/54, S. 31. – Richter zählte zu den engsten Freunden Rankes in seiner Frankfurter Oberlehrer-Zeit; in einem Brief aus dem Jahr 1823 spricht er ihn mit „liebes Herz" an. Im selben Brief (SW 53/54, S. 107) bat er ihn, ihm in Berlin eine Kunstzeitschrift mit Boisserées „Verkündigung Mariä" zu besorgen. Richter wurde offenbar später Gymnasiallehrer in Erfurt; vgl. Henz II, S. 283.

8 Ranke an Bettina von Arnim, 21. Okt. 1827: BW S. 117

9 Ranke an Heinrich Ritter, 4. Okt. 1827: SW 53/54, S. 171.

10 SW 51/52, S. 315ff. Zu Wiedemann vgl. Duchhardt, Sekr. – Vgl. unten S. 115-149.

11 Ranke an Heinrich Ritter, 9. Dez. 1827: SW 53/54, S. 182; BW S. 131.

12 Ranke an Heinrich Ritter, 20./21. Nov. 1828: BW S. 175.

13 Ranke an Heinrich Ritter, 25. Dez. 1828: BW S. 182,

14 Ranke an Heinrich Ranke, 20./21. Nov. 1828: BW S. 176.

15 Ranke an Heinrich Ritter, 25. Dez. 1828: BW S. 181.

16 Ranke an Varnhagen von Ense, Dez. 1828: BW S. 177f.

17 Ranke an Heinrich Ritter, 25. Dez. 1828: BW S. 181

18 Ranke an August Graf Platen, 17. Juli 1830: BW S. 214.

19 Ranke an Heinrich Ritter, 1. Aug. 1829: BW S. 193.

20 Ranke an Heinrich Ranke, Anfang April 1830: BW S. 208.

21 Ranke an Varnhagen von Ense, 6. Aug. 1830: BW S. 219.

22 Ranke an Heinrich Ritter, 28. Okt. 1827: SW 53/54, S. 177.

23 Ranke an Heinrich Ritter, 4. Jan. 1828: BW S. 133.

24 Ranke an Varnhagen von Ense, 18. Okt. 1828: BW S. 170; Ranke an Ritter, 20./21. Nov. 1828: BW S. 175; Ranke an Ritter, 25. Mai 1830: BW S. 210.

25 Ranke an Gentz, 3. Nov. 1828: BW S. 173.

26 Ranke an Ritter, 20./21. Nov. 1828: BW S. 174

27 Ranke an Ritter, 20./21. Nov. 1828: BW S. 175.

28 Ranke an Ritter, 25. Dez. 1828: BW S. 181.

29 Ranke an Clarissa Ranke, 21. Sept. 1850: SW 53/54. S. 339.

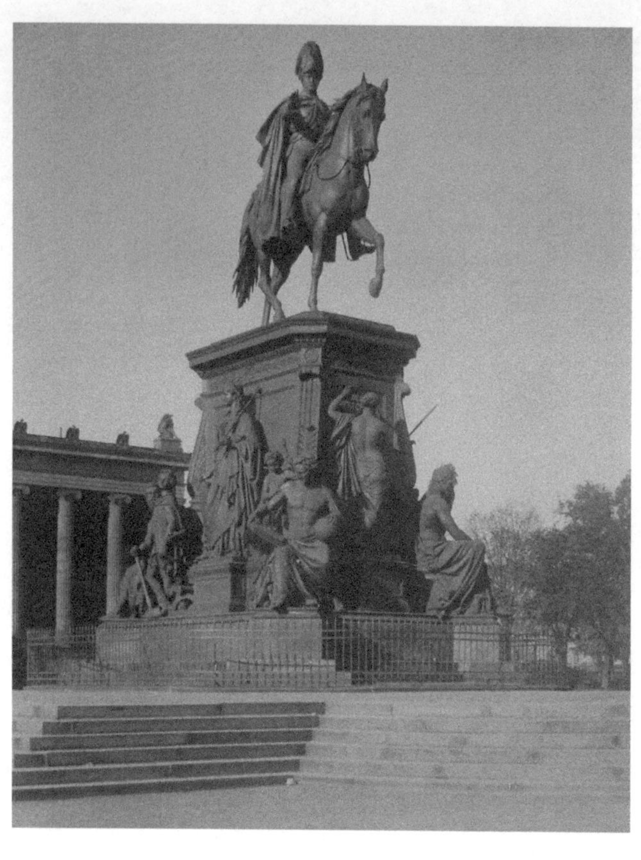

Denkmal Friedrich Wilhelm III. in Berlin
(Zustand in der Zwischenkriegszeit)

Rankes Gutachten zum Berliner Reiterdenkmal Friedrich Wilhelms III.

Die Errichtung eines Denkmals war in Preußen im 19. Jahrhundert eine Angelegenheit, die eine Vielzahl von Institutionen und Personen über Jahre hinweg bewegte und in Atem hielt: eine ganze Reihe von Zentralbehörden und Ministerien – vom Geheimen Zivilkabinett und dem Staatsministerium als dem Gesamtministerium des Staates Preußen über das Kultusministerium bis zum Finanzministerium[1] –, Kommissionen, die eingesetzt wurden, um zur künstlerischen Seite des geplanten Artefakts eine Meinung zu bilden und, wenigstens in „erster Instanz", zu befinden und Vorschläge für den Standort zu machen, Einzelpersönlichkeiten, die sich zur „Philosophie" eines Denkmals schriftlich äußerten, die Akademien (für Künste und der Wissenschaften), die mit ihrem Know-how Vorschläge für die Bildhauer machten, die sich einer Ausschreibung stellen sollten. Und dann natürlich nicht zuletzt die Künstler, die Entwürfe, die von kunstkritischen Zeitschriften kommentiert wurden, vorlegten, diese modifizierten und am Ende gegebenenfalls ausführten, ehe Zeremonialkommissionen in Aktivität traten, um die mehr oder weniger glanzvollen Grundsteinlegungen und Weihefeste vorzubereiten und zu organisieren. Und wenn dann noch private Vereine, die ein Interesse an der Errichtung eines Denkmals hatten und zudem über entsprechende (eingeworbene) finanzielle Mittel verfügten, ihre jeweiligen Vorstellungen einzubringen versuchten, dann konnten das geradezu unendliche Geschichten werden.

Der Aufwand war umso größer, wenn es sich um ein prominentes Mitglied der Dynastie und zudem um die Lokalisierung des ins Auge gefassten neuen Monuments in der Hauptstadt handelte. Hier hatte grundsätzlich der jeweilige Monarch das letzte Wort, sowohl was das künstlerische Programm als auch den Ort der Errichtung des Kunstwerks betraf. Denn der Standort des zu errichtenden Denkmals hatte (natürlich) etwas mit der Dignität der dargestellten Persönlichkeit und ihrem obrigkeitlich gewollten Ort in der Erinnerungskultur zu tun, und generell unterlagen die Denkmäler von Mitgliedern der Dynastie, was ihr künstlerischer Leitgedanke mitsamt üblicher Inschriften betraf, als Visitenkarten der regierenden Familie höchst aufmerksamen und auch kritischen Kommentaren der „öffentlichen Meinung". Die Kunstkritik war, auch durch eigene (vielgelesene) Periodika, von denen eins, „Die Dioskuren", im Folgenden zu Wort kommen wird, in Berlin seit dem frühen 19. Jahrhundert ausgesprochen rege, und auch wenn in ihnen die Malerei immer weit vor den Skulpturen rangierte (und auch die Forschung um die „Staatskunst" eher einen Bogen gemacht hat[2]): Eine negative Kritik eines hofnahen Monuments wäre im Schloss und in den Ministerien als absolut unzuträglich empfunden worden. Insofern nahm man bei Hof und in der Administration die Besprechungen von Künstlerentwürfen und -modellen sehr aufmerksam zur Kenntnis.

*

Die Diskussion über ein Denkmal König Friedrich Wilhelms III., also des Vaters des aus Krankheitsgründen zum Amtsverzicht genötigten Friedrich Wilhelm IV. und seines seitdem übergangsweise als „Prinzregent" fungierenden Bruders (und Nachfolgers) Wilhelm (I.), war durch eine ganz andere private Initiative von außen in den Hof und die Regierung hineingetragen worden. Freilich hatte sie einen Vorlauf: Anlässlich der Enthüllung des von Christian Daniel Rauch verantwortlich gefertigten Friedrichdenkmals hatte der russische Zar Nikolaus I., der mit einer preußischen Prinzessin verheiratet war, bei dem Künstler nicht nur eine verkleinerte Bronzekopie des Reiterdenkmals bestellt, sondern zugleich, gewissermaßen als Pendant dazu, ein Reitermonument seines Schwiegervaters Friedrich Wilhelm III. in Feldmütze und Mantel nach Rauchs eigener Idee in Auftrag gegeben. Friedrich Wilhelm IV. hatte diesen in St. Petersburg entwickelten Gedanken, seinem Vater und Vorgänger auf dem Thron ein Denkmal zu errichten und den Feldherren-Statuen Blücher, Yorck und Gneisenau direkt gegenüber zu setzen, aufgegriffen. 1855 hatte Rauch ein Modell geliefert: der König auf ruhig ausschreitendem Pferd sitzend, die rechte Hand ausgestreckt. Danach geschah, wohl auch schon des Gesundheitszustandes Friedrich Wilhelms IV. wegen (und weil der impulsgebende Zar im Februar 1855 verstorben war), längere Zeit nichts mehr, bis Rauch auf Drängen des Prinzen Wilhelm einen ersten Entwurf des Piedestals vorlegte. Doch dann veränderten sich erneut die Konstellationen: Die Erkrankung des Königs wurde unübersehbar, sein Bruder Wilhelm übernahm im Oktober 1858 die Regentschaft – doch da weilte der Bildhauer schon nicht mehr unter den Lebenden. Er war im Dezember 1857 verstorben. Das Königsdenkmal war also eine Art Hängepartie geblieben, und die ersten Monate der Regierungszeit des neuen Königs waren wegen vieler anderer Agenden an sich kaum dazu angetan, das Denkmal des Vaters in die allererste Priorität zu rücken. Aber nun entwickelte sich eine ganz andere Dynamik.

Im Umfeld des 100. Geburtstags des Freiherrn vom Stein (1857)[3], eines prominenten Ministers Friedrich Wilhelms III., hatte sich in Westfalen, seiner Wahlheimat, eine Gruppe von Honoratioren zusammengefunden mit dem Ziel, an hervorgehobener Stelle ein Denkmal für den preußischen Reformer, den „Vater" der Städteordnung und der sogenannten Bauernbefreiung, zu errichten. In Berlin hatte sich diese Initiative in Gestalt eines „Centralvereins" fortgesetzt, dem renommierte Persönlichkeiten mit einer beachtlichen Hofnähe angehörten. Für diese privaten Interessengruppierungen lag es auf der Hand, dass ein solches Denkmal für den zeitweise als leitenden Minister agierenden und geschworenen Gegner Napoleons nur in Berlin seinen Platz haben könne, nicht in der westfälischen Provinz, in der es ohnehin schon genug Stein-Erinnerungsorte gab. Der so entstandene Druck führte am preußischen Hof und in der Regierung zu der Überlegung[4], dass es nicht angehe, für einen (sicherlich wichtigen, aber letztlich doch nur kurzzeitig amtierenden) Ersten Minister ein Denkmal zu errichten, ohne zugleich dem damaligen König diese Ehre zu erweisen, für den bis dahin nur ein 1848 aus Spenden der Bevölkerung finanziertes Denkmal des Bildhauers Friedrich Drake im Tiergarten existierte, das als Dank für die vom König veranlasste Verschönerung der Parkanlage verstanden wurde. Der erste Beleg, dem Drängen des „Centralvereins" auf Errichtung eines Stein-Denkmals das Konzept eines Königdenkmals gegenüberzustellen, datiert, zumindest in den einschlägigen Akten des Finanzministeriums, vom 28. August 1858. Diese Gedankenspiele führten zu dem Projekt[5] einer Art „Koppelgeschäft", das im Lauf der weiteren Diskussionen dann in das Vorhaben einmündete, möglichst parallel gleich drei Denkmäler zu errichten[6]: für Friedrich Wilhelm III. und seine beiden wichtigsten zivilen Minister Stein und Hardenberg. Dass das an finanzielle Grenzen stoßen würde, lag auf der Hand, aber die nun folgenden Diskussionen gründeten nicht allein darin.

Es scheint somit festzustehen, dass in den 1850er-Jahren zwar ein vager Gedanke aufgekommen war – übrigens nicht aus dem Berliner Hof oder aus dem Schoß der Regierung kommend –, Friedrich Wilhelm III. mit einem Denkmal zu ehren, dass diese Überlegungen aber über ein ganz frühes Anfangsstadium noch nicht hinausgekommen waren, als die Regierungsunfähigkeit Friedrich Wilhelms IV. und der Tod des Künstlers eine völlig neue Situation schufen. Und der Prinzregent hatte wahrlich im Moment der Übernahme der Regierungsgeschäfte, also 1859/60, anderes und wichtigeres zu tun als das Denkmal-Projekt zu priorisieren: Eine komplett neue Mannschaft von Ministern unter Leitung des Fürsten Karl Anton von Hohenzollern-Sigmaringen zu berufen und im Schoß des Staatsministeriums aneinander zu gewöhnen; ein höchst einflussreiches Militärkabinett, dessen Kompetenzen letztlich zu Lasten des Kriegsministeriums gingen, wieder zu installieren, auf das der Reichstag keinen Einfluss nehmen konnte; ein Krieg in Sichtweite – zwischen Italien und Österreich –, in dem Preußen zwar neutral blieb, der aber nichtsdestoweniger den preußisch-österreichischen Gegensatz verschärfte; die in den Augen des neuen Herrschers überfällige, im Grunde genommen den Stellenwert der Landwehren beschneidende Militärreform, die durchaus geeignet war, die Nation zu spalten; und nicht zuletzt die absehbare Haltung Wilhelms, es bei seiner offiziellen Regierungsübernahme nicht mehr bei der in Preußen zur Gewohnheit gewordenen Huldigung zu belassen, sondern sich, erstmals wieder seit 60 Jahren, zu krönen oder krönen zu lassen[7]. Da blieb im Prinzip wenig Raum, sich auf ein letztlich randständiges Thema wie ein Denkmal zu kaprizieren, zumal die Strahlkraft Friedrich Wilhelms III. hinter der – etwa – Friedrichs des Großen dann doch erheblich zurückblieb. Es waren die Lobbyisten eines Stein-Denkmals in Berlin, die dem Projekt des Königsdenkmals in schwierigen Zeiten indirekt einen neuen Schub verliehen.

*

Leopold Ranke – seine Nobilitierung erfolgte erst 1865 – gehörte als preußischer Staatshistoriograf, zu dem ihn

Friedrich Wilhelm IV. 1841 ernannt hatte[8], einer mit Politikern, Kunsthistorikern (Pinder), Akademiemitgliedern (Cornelius, Daege) und Städtebauexperten besetzten Kommission an, die im Herbst 1859 eingerichtet worden war und die – ein Beleg, für wie wichtig man ihre Arbeit einschätzte – von dem (Titular-) Fürsten Karl Anton von Hohenzollern-Sigmaringen geleitet wurde, also dem nominellen Präsidenten des Ministerrats. Von der anfänglichen Vorstellung, dass die Planungen für das Königsdenkmal und das (größtenteils „drittmittelfinanzierte") Stein-Denkmal in etwa *pari passu* voranschreiten könnten, nahm die Kommission relativ rasch wieder Abschied, umso mehr als die Stein-Vereine ihre ganz eigenen konzeptionellen Vorstellungen zum Denkmal hatten, die mit denen des Hofs keineswegs in jeder Hinsicht kongruent waren. Faktisch rückte das Königsdenkmal seit spätestens dem Jahresbeginn 1860 in den Vordergrund – für den Hof, die Ministerien und letztlich auch die Kommission ging es nicht an, dass das Denkmal für einen „Beamten", bei aller Hochschätzung des Freiherrn vom Stein bei einigen seiner Mitglieder, zeitlich vor dem für den Fürsten rangieren könnte.

*

In den Zeitraum des Frühjahrs 1860 verortet sich das im Folgenden zunächst paraphrasierte und dann im Anhang im Wortlaut wiedergegebene Gutachten des Kommissionsmitglieds Ranke zu dem Königsdenkmal. Damals wurden, wie ein späteres Schreiben an Finanzminister

Patow[9] vom 1. Juni 1860 spiegelt, ausgewählte Bildhauer aufgefordert, sich an einem Wettbewerb – im damaligen Sprachgebrauch einem „concours" – zu beteiligen und Entwürfe für das neue Monument zu verfertigen: für Berliner Bildhauer eine riesengroße Chance, auf sich aufmerksam zu machen und im Erfolgsfall einen nicht nur lukrativen, sondern auch spektakulären Auftrag zu erhalten, der den Namen gewissermaßen unsterblich machen würde. Das vom Kultusministerium unterfertigte Einladungsschreiben datiert vom 15. März 1860[10], das dürfte dann auch ein *terminus ante quem* gewesen sein, zu dem Ranke sein Gutachten abgeschlossen haben muss. Im Einzelnen wurden auf Vorschlag der Kommission nicht weniger als elf Bildhauer eingeladen, sich an dem Wettbewerb zu beteiligen, darunter ausgesprochen namhafte: Friedrich Drake[11], Ferdinand August Fischer[12], Albert Wolff, Gustav Hermann Blaeser[13], Friedrich Anton Hermann Schievelbein[14], August Wredow[15], Carl Heinrich Möller[16], Hugo Hagen[17], Emil Wolff[18], Julius Troschel[19] und Wilhelm Matthiae[20], allesamt im Übrigen Schüler Christian Daniel Rauchs, der beherrschenden Bildhauerpersönlichkeit im Berlin des 2. Drittels des 19. Jahrhunderts[21]. Die ministeriellen Vorgaben für die Künstler betrafen eher die Dimensionen und die Gesamtkonzeption. Das Denkmal, so hieß es dort, „soll bestehen aus einer bronzenen kolossalen Reiterstatue des Königs im militairischen Kostüm seiner Zeit, auf einem mit Bildwerken geschmückten Piedestal von Bronce und Granit. Die Reiterstatue soll gleiche Größe haben wie die des

Friedrichdenkmals; dagegen sind für das Piedestal, so weit dies künstlerische Rücksichten gebieten, geringere Dimensionen zulässig. Hinsichtlich näherer Bestimmungen über die Statue (die Haltung derselben, die Anwendung von Mantel und Kopfbedeckung etc.) ist dem Künstler freie Hand gelassen. Auch in Betreff der Anordnung des Piedestals und der Wahl der Darstellungen an demselben soll seiner Erfindung nicht vorgegriffen werden. Doch sind zu eventueller Berücksichtigung zwei verschiedene Vorschläge anliegend beigefügt; auch wird auf die Entwürfe Rauch's, welche in dessen Nachlass vorhanden sind, aufmerksam gemacht"[22]. Um den mit der Persönlichkeit des Protagonisten in aller Regel nicht intim vertrauten Bildhauern Material an die Hand zu geben, was sie bei ihren Entwürfen unbedingt zu berücksichtigen hätten, wurde der Historiker in der Kommission, Leopold Ranke, gebeten, eine Art Leitfaden zu erstellen, der, wie in dem Ministerialschreiben erwähnt, allen Künstlern, die aufgefordert worden waren, ihren Hut in den Ring zu werfen, als Impuls ausgehändigt werden sollte. Um dieses – undatierte, aber wohl, wie gesagt in den frühen März 1860 zu datierende – Gutachten geht es im Folgenden.

Das Ranke-Gutachten ist allerdings nicht das einzige Dokument zum ikonografischen Programm des Denkmals, das den Künstlern – sozusagen als Stimulus – an die Hand gegeben wurde. Freilich: Sogar Jutta von Simson schweigt sich zu dessen Autorschaft aus. Einiges spricht dafür, dass auch dieses Dokument in der Denkmäler-Kommission ihren Verfasser – also wohl einen Kunsthistoriker – hatte, aber das bleibt Vermutung. Dieses Dokument thematisiert vor allem den Friedensfürsten Friedrich Wilhelm, der nach siegreichem Kampf auf dem Pferd reitend bei seiner Rückkehr in die Hauptstadt (nach der „Völkerschlacht“? nach dem Wiener Kongress?) das ihm zujubelnde Volk mit der ausgestreckten Rechten grüßt – das Hauptmotiv des Rauch-Entwurfs. Vorgesehen waren an den vier Ecken des Piedestals vier vollplastische Viktorien mit ausladenden Flügeln, unter denen sich die allegorischen Figuren von Wissenschaft, Kunst und Religion versammelten, deren Repräsentanten hier sogar mit Namen benannt wurden. Die weiteren großen Friedenswerke des Monarchen sollten auf einem schmalen, unter den Füßen der Viktorien umlaufenden Fries ihren Platz finden[23].

*

Rankes Gutachten ist im Bestand Geheimes Zivilkabinett (Rep. 89) des Geheimen Staatsarchivs Berlin überliefert: in Abschrift[24]. Der Historiker vermerkt das mit einem weinenden und einem lachenden Auge: weinend, weil er in aller Regel auf die beste, also direkt auf den Urheber zurückgehende Quelle zurückgreifen muss, also das Autograf, lachend, weil sich die Handschrift Rankes bis zu diesem Zeitpunkt dem Zustand der Unlesbarkeit gefährlich genähert hatte und das Entziffern nicht nur unsägliche Mühe bereitet hätte, sondern vermutlich mit etlichen Lese-Unsicherheiten behaftet gewesen wäre. Da die Abschrift des Gutachtens in die Akten des Zivilkabinetts Eingang gefunden hat, ist mit Sicherheit davon auszugehen, dass der Schreiber – wohl ein Ministerialbeamter – mit der Handschrift Rankes wohlvertraut war und ihm keine Lesefehler unterlaufen sind. Und zu alledem: das Ranke-Gutachten ist im Herbst 1860 dann auch in der Kunstzeitschrift „Die Dioskuren“ veröffentlicht worden, und der dort abgedruckte Text stimmt mit dem der handschriftlichen Vorlage, von einigen wenigen Varianten (ß, Interpunktionen) abgesehen, völlig überein. Man kann wohl vermuten, dass einer der kontaktierten Bildhauer der Redaktion der „Dioskuren“ die Texte der beiden Dokumente zugespielt hat.

Nach Ablauf des auf den 15. September 1860 terminierten Ideenwettbewerbs und sorgfältiger Prüfung der insgesamt elf eingegangenen Entwürfe[25] durch die Kommission, nachdem sie vorher schon in der Akademie der Künste und auch öffentlich ausgestellt und von Max Schaßler, dem Herausgeber der „Dioskuren“, ausführlich besprochen worden waren[26], wurde der Bildhauer Albert Wolff, der als einziger zwei Reiterskizzen geliefert und eine davon weitgehend ausgearbeitet hatte, mit dem Auftrag bedacht: aufgrund einer Skizze, die den König vor allem – sicher nicht uneingeschränkt „historisch“ gedacht – als umfassenden „Sieger“ verbildlichte. Auch der Herausgeber der „Dioskuren“, der in einer Sequenz von Beiträgen über die einzelnen Entwürfe berichtete, hatte Wolff bei aller Kritik im Einzelnen in seinem Ranking ziemlich weit vorne platziert, jedenfalls – neben den Entwürfen Schievelbein, Kiß und Fischer – in die „engere Wahl“ gezogen[27]. Zugleich entschied sich die Kommission, für die geplanten Hardenberg- und Stein-Denkmäler die Bildhauer Hagen und Schievelbein, die in ihrer von der der „Dioskuren“ abweichenden Bewertung in ihrem Ranking hinter Wolff die nächsten Plätze belegt hatten[28], um die Vorlage von Entwürfen aufzufordern[29]. Sie sollten ihre eigene Entwicklung nehmen[30], von der hier nicht weiter berichtet wird. Die inzwischen mehrfach überarbeiteten Zeichnungen Wolffs für das Königsdenkmal wurden von der Kommission am 9. Juli 1862 im Abgeordnetenhaus eingesehen, wo sie – auch für das interessierte Publikum – ausgelegt worden waren. Man kann davon ausgehen, dass Wolff bei seinen Ideenskizzen und Zeichnungen auch auf das Ranke-Gutachten zurückgegriffen hat. In welchem Umfang, wird sich zeigen.

Ranke hat sich, dies spiegeln die Akten wider, in die Beratungen der Denkmäler-Kommission engagiert und nachdrücklich eingebracht: in die Diskussionen um den Standort des Königs-Denkmals[31] und mit kritischen Kommentaren zu den vorgelegten Entwürfen der Bildhauer[32]. In diesem Punkt fühlte er sich nach seinem Gutachten inzwischen ja auch selbst durchaus als Experte. Und an der Skizze Wolffs, die dann prämiiert wurde, gab es wahrlich – sowohl künstlerisch als auch historisch – manches zu kritisieren: etwa, dass die von ihm vorgesehenen vier kolossalen Viktorien fast die Größe des Monarchen hatten und ihrer leidenschaftlichen Bewegung wegen den Blick eher auf sich zogen als die Hauptperson, etwa auch, dass auf den Reliefs die

Aufhebung der Leibeigenschaft dem Genius der Kunst zugordnet wurde, und anderes mehr[33].

Albert Wolff war ein Künstler[34], der nicht nur einschlägig gearbeitet hatte, sondern auch den Entscheidungsträgern in Berlin wohlbekannt war. Geboren 1815, hatte er die Werkstatt Christian Daniel Rauchs durchlaufen, eines Freundes seines Vaters, hatte Rauch bei der Arbeit am Reiterstandbild Friedrichs des Großen unterstützt und in seiner eigenen Werkstatt unter anderem die Reliefs an der Invalidensäule, die Terracotta-Kolossalstatuen der vier Evangelisten für die neue Schlosskirche in Neustrelitz, die Allegorien der Fakultäten für das Königsberger Universitätsgebäude, die Skulptur Friedrich Wilhelms IV. für das Königstor in Königsberg, den Löwenkämpfer zu Pferd am Alten Museum in Berlin und den Bacchus mit Panter an der Alten Nationalgalerie in Berlin geschaffen. An seiner Kompetenz, „bewegte" Kompositionen zu gestalten, konnte also kein Zweifel bestehen. Seit 1866 sollte er dann als Professor für das Modellieren nach der Antike an der Akademie der Künste lehren.

*

Eine (durchaus realistische und ungeschminkte) Charakteristik Friedrich Wilhelms III. gab Ranke gleich am Beginn seines Gutachtens: Der Monarch zeichne sich mehr durch moralische Eigenschaften als durch geistige Genialität aus, sein Wesen sei einfache Würde und wohlwollender Ernst gewesen. Dies müsse sich in den Ornamenten spiegeln, mit denen man das Postament des

Reiterdenkmals zu schmücken gedenke, zu denen allein Ranke seine (unmaßgebliche) Meinung kundtun wolle. Sie sei lediglich als Anregung für die Künstler, nicht aber als zwingend zu verstehen.

Die Planungen gingen vom Typus eines Reiterdenkmals aus, das auf einem Piedestal ruhte. An den vier Ecken des Postaments, so Ranke, wären die vornehmsten moralischen Eigenschaften des Protagonisten symbolisch zu vergegenwärtigen, nämlich strenge Sittlichkeit, Gottesfurcht, Tapferkeit und Gerechtigkeit. Ranke machte dafür keine Vorschläge, sondern begnügte sich mit der Bemerkung, dass das für den Künstler „ein in unseren Zeiten nicht verbrauchter und doch großartiger Stoff idealer Gestaltung" sein würde. Ob er dabei an „klassische" Personifikationen dieser Tugenden wie etwa das Urteil Salomos (Gerechtigkeit) gedacht hat[35], kann nur gemutmaßt werden.

Was die vier Flächen des Piedestals betrifft, so plädierte Ranke hier für eine symbolische Aufarbeitung des beherrschenden Themas der Regierungszeit des Monarchen, nämlich das Unglück (1806/07 und die Reduktion Preußens auf einen Mittelstaat) und die Befreiung aus ihm in „einem gigantischen Kampf auf Leben und Tod" gegen Napoleon (wobei Ranke mit Gewissheit an die Elemente Völkerschlacht bei Leipzig, Große Allianz und Absetzung Napoleons dachte). Dabei müssten die politischen und kriegerischen Begebenheiten auf den größeren Seiten des Piedestals zur Darstellung kommen, kleinere Themen könnten auf einem Fries veranschaulicht werden. Die ersten Regierungsjahre des Königs könne man dabei mit Fug und Recht übergehen, weil dort nur die Außenpolitik der vorangegangenen Regierung (Friedrich Wilhelms II.) ihre Fortsetzung gefunden habe und die Innenpolitik über Intentionen anstelle von „durchgreifender Umbildung" nicht hinausgekommen sei; denn niemand – hier wird Ranke überdeutlich! – könne ja wohl ernsthaft erwägen, die Gestalten von Haugwitz und von Lombard zu „verewigen"[36]. Die mit dem Schlagwort „Kamarilla" verbundene Günstlingswirtschaft des Monarchen hatte in Verbindung mit der (letztlich an Frankreich ausgerichteten) Neutralitätspolitik schon unter den Mitlebenden viel Kritik erfahren, die sich nicht nur an den beiden Namen entzündete, die aber doch als besondere Hemmschuhe einer aktiven und reformoffenen Gesamtpolitik angesehen wurden.

Dagegen, so Ranke, müssten das „Unglück" von 1806/07, also die verhängnisvolle Schlacht bei Jena und Auerstedt und ihre Folgen, in Erz umgesetzt werden, so schwer das dem Künstler auch fallen möge, und dann die „Erhebung" – beides müsste auf der Rückseite des Piedestals nebeneinander verbildlicht werden, weil ohne das Unglück die „Regeneration" nicht zu verstehen sei. Die „Regeneration" könne man an Maßnahmen wie der (Steinschen) Städteordnung oder der Stiftung der Berliner Universität ins Bild setzen. Doch Ranke war sich in diesem Punkt überhaupt nicht sicher, weil bei zu vielen Einzelheiten doch vielleicht Wesentliches vergessen würde, sodass der Künstler sich am ehesten mit dem „Hauptgedanken" begnügen solle: dem zum Tod niedergeworfenen Kämpfer, der daraus wieder neue Kräfte schöpfe und – ähnlich wie Antaeus, der seine Kraft aus dem Boden beziehe – aus der Verbindung mit der Nation heraus zu neuem Leben gelangte. Das Ensemble könne beispielsweise einen Schlachttag thematisieren, aber eher wohl doch in abstrakterer Form die enge Vereinigung von Fürst und Volk, die Flucht des Feindes und die Bildung der Großen Allianz verbildlichen. Auf der schmalen Vorderseite könnte dann die „völlige Niederwerfung des Feindes" dargestellt werden, wobei der schöpferischen Fantasie des Künstlers keine Grenzen gesetzt wären. Hier wären in den Ecken die Personifikationen der Tapferkeit und der Gerechtigkeit zu positionieren.

Die vierte Fläche des Piedestals wäre dem Frieden gewidmet, für dessen Illustration sich Ranke den historischen Moment vorstellen konnte, in dem der König den Provinzen ihre Verfassungen „erteilte". Zum wiederholten Mal nahm Ranke hier auch das „übrige Deutschland" in den Blick und dessen Verbindung mit Preußen, wie sie im Zollverein zum Ausdruck komme.

Vorgesehen war neben dem Postament noch ein Fries, der geeignet sei, das Verhältnis des Königs zu den Untertanen und seine Fürsorge für sie zu spiegeln. Hier könnte das gesamte Unterrichtswesen mit Einschluss der beiden Universitätsgründungen in Berlin und Bonn und die Stiftung des Berliner Museums thematisiert werden, unter Umständen illustriert durch Persönlichkeiten wie Wilhelm von Humboldt und Stein zum Altenstein[37] und den einen oder anderen „der großen Gelehrten der Zeit" – ausschließen kann man es nicht, dass Ranke, der ja nicht an einem Mangel an Selbstbewusstsein litt, dabei an sich selbst gedacht haben könnte, obwohl es ihm an sich klar sein musste, dass für eine solche Galerie der großen Gelehrten nur Verstorbene in Betracht kommen konnten. Sodann müsste hier der Union der beiden protestantischen Kirchen gedacht werden[38], außerdem müssten das städtische Leben von der Städteordnung bis zur Umgestaltung des Verkehrs, die Maßnahmen zur Verbesserung der Lage des Bauernstandes und schließlich auch die Neuorganisation des Militärwesens mit der Einführung der allgemeinen Dienstpflicht verbildlicht werden. Eine Darstellung des Königs inmitten seiner „vier blühenden Söhne" könnte das ikonologische Programm des Frieses sinnvoll abrunden.

In der Summe würde der König im Piedestal in seiner politischen Tätigkeit und seinem Schicksal, im Fries als Landesvater und in den vier Eckfiguren des Postaments in seinen vornehmsten Eigenschaften dargestellt werden. Das war zweifellos überlegt, ohne dass Ranke den abschließenden Hinweis vermieden hätte, dass der Entwurf für den Künstler, der am Ende den Auftrag erhalte, nicht „maßgebend" sein müsse.

Rankes Ausführungen legen Zeugnis ab von seiner Vertrautheit mit der Persönlichkeit, die es in Erz abzubilden galt. Wie hätte das auch anders sein können, hatte er doch die Regierungszeit dieses Fürsten zur Gänze persönlich miterlebt, dessen innen- und außenpolitische Amtsführung in der Öffentlichkeit durchaus auch auf Kritik gestoßen war, die Ranke, der sich an seine Regierung wissenschaftlich freilich noch nie herangetastet hatte, in dem Gutachten auch subtil aufnimmt. Aber es ging in den frühen 1860er-Jahren nicht um Wiederholung oder gar Verstärkung der seinerzeitigen Kritik, sondern um eine Apotheose: um die Spiegelung des Vaters des amtierenden Königs für eine breite Öffentlichkeit. Und für selbst nur verhaltene Kritik war da natürlich kein Platz: Es ging um die positiven Seiten eines Mitglieds der Dynastie, um seine Stilisierung zu einem untadeligen, sich um das Gemeinwohl verzehrenden und erfolgreichen „Vater des Vaterlands".

Was an dem Gutachten freilich zugleich auffällt, ist Rankes überaus zurückhaltende Entschiedenheit und Klarheit: die vielen sehr defensiven Wendungen, er wolle mit seinen Überlegungen niemanden vorgreifen, seine Reflexionen seien für die Künstler „nicht maßgebend", dies und jenes sei so oder so denkbar, aber vielleicht auch gar nicht. Sie spiegeln letztlich sogar die gesamte Rankesche Geschichtsschreibung, der oft genug mangelnde Entschiedenheit zum Vorwurf gemacht wurde, das Lavieren zwischen verschiedenen Positionen, das vor allem die von einem klaren „Sehepunkt" aus argumentierenden Kollegen ermüdende „einerseits/andererseits". Entschuldigend mag man ins Feld führen, dass sich Ranke mit dem Gutachten letztlich auf ein Feld begab, auf dem er – er mochte in halb Europa noch so viele Artefakte der „Staatskunst" gesehen und studiert haben – doch nur Autodidakt war.

*

Die entscheidende Frage ist, ob Rankes Gutachten etwas bewirkt hat, also den Künstler, der am Ende den Zuschlag erhielt, inspirierte und überzeugte. Das wird sich *cum grano salis* so feststellen lassen, wobei Wolff in seiner Bewerbungsskizze wohl vor allem für den Fries auf Gedanken und Vorschläge Rankes zurückgegriffen haben dürfte. Aber diese Skizze war ja längst nicht das letzte Wort des Künstlers; durch Kabinettsordre vom 29. April 1861 war es Wolff ausdrücklich freigestellt worden, ohne Zeitbeschränkung eine endgültige, eigenständige Skizze zu erarbeiten, die mit der Bewerbungsskizze nicht identisch sein würde. Die Frage ist also, ob Rankes Anstoß-Gutachten auch auf den endgültigen Entwurf Wolffs noch ausgestrahlt hat. Bei der Antwort auf diese Frage ist ein – ebenfalls in den Akten des Zivilkabinetts in Abschrift befindlicher – Brief des Bildhauers Wolff vom 23. Dezember 1861 einschlägig[39]. Wolff beruft sich zunächst auf die ihm erteilte Erlaubnis, alle von ihm selbst und Dritten vorgelegten Entwürfe als „unmaßgeblich" anzusehen. Er habe vielmehr die ihm zugegangenen „Winke" dritter Personen – also sicher auch das Ranke-Gutachten! – „zu einer selbstständigen und in sich consequenten Auffassung" durchgebildet und weiterentwickelt. Das habe zunächst die Figur des Königs, ihre Attribute und Kleidung betroffen – sie interessiert in unserem Zusammenhang nicht, da sich Ranke mit dem das Denkmal thronenden Reiter an sich ja nicht beschäftigt hatte. Das, was zum Postament vorgebracht worden sei, habe aus einem Motiv hervorgehen müssen, das mit der historischen Treue übereinstimme. Ihm scheine, dass für den Gesamteindruck des Lebens des Fürsten beherrschend sei, „in welchem gerade dieser König mit seiner Zeit und seinem Volk in Einklang gestanden" habe. Das gelte für die Phase der Niederlage ebenso wie für die der Befreiung, als er die Kräfte des Volkes wachgerufen und zum Triumph Preußens geführt habe. Auch in der Gesetzgebung sei der Monarch den Bedürfnissen geistiger wie materieller Art des Volkes gerecht geworden. Aus diesen nur skizzierten Fakten sei der Leitgedanke erwachsen, das Postament für die Darstellung der Einwirkungen des Königs auf das Leben seiner Untertanen zu nutzen. Dabei sei ihm auch der Wunsch des Königs – also Wilhelms I. – zustatten gekommen, auf der einen Seite des Denkmals den Krieg und auf der anderen den Frieden zur Darstellung zu bringen – wie erinnerlich ja auch Rankes Grundgedanke.

Für die linke Langseite des Postaments sah Wolff die Gestalt der Borussia in voller Waffenrüstung vor, zu ihren Füßen die zerbrochenen Fesseln, in der rechten Hand ein Schwert haltend, das über die allegorische Personifikation des Rheins hinweg zeigt, während von der anderen Seite aus die Gestalt der jungfräulichen Memel, an ihren Fruchtbarkeitssymbolen erkennbar, „mit staunender Bewunderung" auf die Borussia blickt. Wolff hatte sich für diese zusammenfassende Art der Visualisierung des Krieges entschieden und von der Darstellung einer einzelnen Schlacht bewusst abgesehen. Eine Textzeile „Sie haben mich von Jugend auf gedrängt, aber sie haben mich nicht übermocht" (Ps. 119) würde dieses Narrativ des Krieges und des Siegens abschließen. Die rechte Langseite wird von der Jungfrauengestalt des Friedens geprägt, die in würdevoller Haltung in der rechten Hand eine Tafel, auf der die „hauptsächlichen" Gesetze Friedrich Wilhelms verzeichnet sind, während die Linke ein Szepter hält. An den beiden Ecken dieser Seite befinden sich die allegorischen männlichen Gestalten der Gesetzgebung und der Industrie, an die sich ein Genius der Kunst anlehnt, beide zur königlichen Jungfrau der Gesetzgebung blickend. An die andere Ecke wurde als Repräsentant der Wissenschaft ein Jüngling platziert, der in einem Buch liest und einen Globus hält. Diese Seite des Postaments solle den belebenden und veredelnden Einfluss zur Anschauung bringen, den die gesetzliche Ordnung Preußens auf das materielle und geistige Leben des Volkes geübt hat. Der vorgesehene Text „Gerechtigkeit erhöhet ein Volk" bringe das zum Ausdruck.

Auf der vorderen Schmalseite schreibe die Geschichte als halbnackte Jungfrau die Worte „Friedrich Wilhelm dem Gerechten". Auf der hinteren Schmalseite trage ein kindlicher Engel als Symbol der Kirchenunion einen Kelch mit einem über ihn gehaltenen Palmwedel, um zu assoziieren, dass über der Abendmahllehre, ein wesentliches Element der Auseinandersetzungen zwischen den evangelischen Konfessionen, hinfort Friede walten solle.

Inwieweit diese Erwägungen einen künstlerischen Ausdruck finden würden, müsse dann das Werk selbst zeigen.

Wolffs Beschreibung seines neuen Entwurfs zeigt überdeutlich, dass nach der Umarbeitung der Bewerbungsskizze sein allererster Entwurf aus dem Frühherbst

1860, in dem immerhin noch Ranke-Spuren festgestellt werden können, zur Makulatur geworden war, möglicherweise auch im Lichte der Kritik, die in den „Dioskuren“ zum Ausdruck gebracht worden war.

Soweit die Einlassungen Albert Wolffs. Seinem Brief ist in den Akten ein Schreiben aus dem Geheimen Zivilkabinett an Kultusminister Bethmann-Hollweg vom [16.] Januar 1862 angefügt, in dem angekündigt wird, dass der König den von Wolff angefertigten (neuen) Entwurf persönlich in Augenschein zu nehmen beabsichtige. Das geschah, und mit Schreiben vom 27. März 1862 erteilte König Wilhelm dann in der Tat die Genehmigung zur Ausführung dieses zweiten Modells, in dem unter anderem ja die kolossalen Eckviktorien ebenso wie die verschiedenen Reliefs fehlten. Aber auch der 1861er-Entwurf scheint noch nicht das letzte Wort gewesen zu sein; mit Sicherheit hat Wolff mit voranschreitender Arbeit ein weiteres Mal leichte Veränderungen vorgenommen.

*

Es ist freilich nicht beabsichtigt, den Weg der Planungen – im Dezember 1861 hatte Wolff ein Gipsmodell verfertigt, das im Rauchschen Atelier besichtigt werden konnte[40] – und Modifikationen des 1871 mit (durch den Ausbruch des deutsch-französischen Krieges bewirkter) Verzögerung vorläufig im Lustgarten eingeweihten[41], aber erst 1876 vollendeten Denkmals[42], dessen 5,80 Meter hohe Reiterfigur 1868 durch die Gräflich Einsiedelsche Bronzegießerei in Lauchhammer gegossen worden war, hier weiter zu verfolgen, umso weniger, als es nicht nur nicht mehr *in situ*, sondern, beschädigt im Zweiten Weltkrieg und nach 1945 eingeschmolzen, bis auf wenige Reste[43] gar nicht mehr vorhanden ist. Denn hier interessiert ja das Ranke-Gutachten und sein unmittelbarer Einfluss auf den Künstler. Und in dieser Hinsicht muss man feststellen, dass er relativ gering war. Gewiss, Wolff hat sich in den verschiedenen Entwürfen von der von Ranke thematisierten Zweiteilung Krieg/Frieden ansprechen lassen und auch von Rankes Grundgedanken, die enge Verbindung von Fürst und Volk zum Leitthema des Denkmals zu machen. Aber in der Gedankenführung bestehen zwischen dem Historiker und dem Bildhauer dann doch gewaltige Unterschiede. Ranke wollte, abgesehen von seinen vier allegorischen Eckfiguren, möglichst viel Gegenständliches bis hin zum städtischen Leben und zur Aufhebung der Gutsuntertänigkeit der Bauern visualisieren, der Gründung der beiden Universitäten und des Museums. Wolff dachte grundsätzlich anders: Möglichst viel Allegorisches, in das dann ganze Prozesse wie der Krieg, die Gesetzgebung oder die Union der beiden protestantischen Kirchen „hineingepackt" werden konnten. Hier der Geschichtsschreiber, der möglichst viele Fakten anbietet, dort der Künstler, der sich vom Faktografischen weitgehend löst und – was sich im ausgeführten Denkmal dann noch einmal steigern sollte – die Symbolik an ihre Stelle setzt. Rankes Gutachten wurde von Wolff zur Kenntnis genommen und in wichtigen Leitthemen auch rezipiert, aber die faktografischen Vorschläge, die sich ja in dem von Ranke angenommenen Fries noch fortsetzen sollten, fanden auf der Seite des Künstlers zwar zeitweise Gegenliebe, aber nicht mehr im endgültigen Denkmal. Hier prallten dann doch wohl zwei Welten aufeinander.

Eine diesen Komplex abschließende Beobachtung: Weder der Historiker noch der Künstler thematisiert die Gestalt Königin Luises, die für den Monarchen zweifelsfrei zu den Schlüsselelementen seines Lebens und seiner Erinnerungskultur geworden ist. Ranke wollte immerhin den König mitsamt seinen vier Söhnen verbildlicht sehen, aber zu der Ikone der preußischen Erinnerungskultur kein Wort.

Es wäre ein reizvolles Unternehmen, der Rezeption der Rankeschen Vorschläge in den von den anderen Bildhauern eingereichten Entwürfen nachzugehen. Ob sich die entsprechenden Bewerbungsakten der Künstler und ihre Skizzen noch erhalten haben, ist fraglich; nur auf der Grundlage von Fotos diesem Zusammenhang nachzugehen, wäre wohl ein vergebliches Unterfangen.

Anhang

Impuls-Gutachten Rankes, undat. [vor 15. März 1860] (Abschrift): GStA I. HA Rep. 89 (Geheimes Zivilkabinett), Bl. 26-28v.

König Friedrich Wilhelm III. zeichnete sich mehr durch moralische Eigenschaften aus, als durch geistige Genialität. Sein Wesen war einfache Würde, gedrungene, selbst knappe Geschlossenheit, wohlwollender Ernst. Diesem Charakter muss ohne Zweifel auch das Monument entsprechen, das ihm errichtet werden soll, sowohl in der Portraitstatur zu Pferd, in der man seine Persönlichkeit darzustellen, als in den Ornamenten, mit denen man das Postament derselben zu schmücken gedenkt. Nur von dem letzten darf hier die Rede sein.

Ohne einer besseren Meinung vorzugreifen, würde ich vorschlagen, an den vier Ecken des Postaments die vornehmsten moralischen Eigenschaften, die den Charakter des Königs bildeten, durch eine symbolische Darstellung derselben zu vergegenwärtigen. Ich meine: strenge Sittlichkeit, Gottesfurcht, Tapferkeit und Gerechtigkeit. Für den Künstler ein in unseren Zeiten nicht verbrauchter und doch großartiger Stoff idealer Gestaltung.

Wenn man die Inschrift auf den Sockel verwiese, so würde man über die vier Flächen des Piedestals und über dies den Fries verfügen können, um die Geschichte dieses Fürsten in Erz zu schreiben. Die Summe der Geschichte Friedrich Wilhelms III. aber liegt in dem Unglück, daß ihn sammt seinem Volke durch überlegene Gewalt betraf und in der Befreiung aus demselben in einem gigantischen Kampf auf Leben und Tod. Es leuchtet ein, daß in dem Erz nicht geradezu das Factische wiedergegeben werden kann, wie das ja auch von dem Geschichtsschreiber durch allgemeine Ideen, die sich noch von demselben sondern, verstanden und verständlich gemacht wird. Für ein Kunstwerk wird eine wenigstens theilweise symbolische Darstellung unerläßlich sein.

Doch würde sich empfehlen, dabei noch einen Unterschied zu machen. Die eigentlich politischen und kriegerischen Handlungen und ihre Erfolge müßten den Gegenstand der größeren Formen des Piedestals ausmachen; für den Fries würden kleinere mehr genreartige, das Factische unmittelbar bezeichnende Darstellungen vorbehalten bleiben.

Davon, die ersten Jahre des Königs in die monumentale Darstellung aufzunehmen, würde man wohl absehen müssen. Die äußere Politik jener Jahre war eine Fortsetzung der Politik der vorangegangenen Regierung, die innere eine Verbesserung derselben, doch mehr in den Intentionen als durch durchgreifende Umbildung. Niemand wird die Gestalten von Haugwitz und von Lombard verewigen wollen.

Dagegen würde nach meinem unmaßgeblichen Dafürhalten das Unglück von 1806 und 7 auch in dem Erz nicht übergangen werden dürfen. Man darf nicht vergessen, daß es eine Zeit gab, wo Napoleon eine Medaille mit der Inschrift „deletis Borrussis“, nach der Vernichtung Preußens, schlagen lassen konnte. Ich bekenne, es wird für den Künstler schwer sein, diesen Moment des Unglücks bezeichnen und ohne Anstoß auszudrücken. Aber ohne den Fall ist die Erhebung nicht zu verstehen. Nach meinem Dafürhalten müßte beides auf der Rückseite des Piedestals neben einander zur Darstellung kommen: Tapferkeit im Unglück und Regeneration. Es würde sehr erwünscht sein, einen oder den anderen Act der letzteren, etwa die Ertheilung der Städteordnung, oder die Stiftung der Universität, ausdrücklich hervorzuheben, doch weiß ich nicht, ob, da nicht anderes ebenso Wesentliche wegbleiben oder eine unangenehme Verwirrung entstehen würde: vielleicht wäre es gut, für den Entwurf nur den Hauptgedanken festzuhalten: den zum Tode verwundeten niedergeworfenen Kämpfer, der sich aber bald wieder daraus kampffähig ermannt, gleich dem Antäus, nachdem er seinen Boden, die in der Nation schlummernde Kraft, berührt hat[44].

Auf der ersten längeren Fläche müßte dann der große Kampf selbst dargestellt werden. Als nächsten Gegenstand der Darstellung könnte man wohl an einen großen Schlachttag denken, etwa den Tag bei Culm[45], an dessen glücklichen Ausgang der König selbst großen Antheil hatte – aber das dürfte sich namentlich in den gegebenen Dimensionen nach den inneren Gesetzen monumentaler Plastik schwerlich ausführen lassen. Für den Entwurf wird es genügen, die großen Momente zu bezeichnen, die zur Anschauung kommen müßten. Das erste, die enge Vereinigung von Fürst und Volk zu einer gemeinschaftlichen Kraft-Anstrengung ohne Gleichen; das zweite die Flucht des Feindes; das dritte die große Allianz und das wiedererwachende Germanien.

Anschließend hieran würde die zweite vordere schmalere Fläche die völlige Niederwerfung des Feindes, den entschiedenen Sieg zum Gegenstand haben. Da würde dann die Verbindung mit England zu symbolisieren sein, und ein neues Motiv hinzufügen, oder sollte vielleicht die Gesammt-Allianz erst auf diese Fläche verwiesen werden? Der Wahl oder schöpferischen Erfindung des Künstlers bliebe alles Nähere überlassen.

Zwischen diesen beiden Flächen würde die Figur der Tapferkeit erscheinen: zwischen der zweiten schmalen und der zweiten längeren die Gestalt der Gerechtigkeit.

Denn diese vierte Fläche würde nur der Zeit des Friedens gewidmet werden; der Bewegung der früheren Scenen müßte die gesammelte und selbstbewußte Kraft in ihrer Ruhe folgen. Die größte politische Handlung des Königs in dieser Epoche war ohne Zweifel die Erhaltung des Friedens selbst – im Jahre 1830 – doch läßt sie sich mehr[46] wohl zu verständlicher Anschauung bringen.

Vorzuziehen wäre vielleicht die Darstellung der verschiedenen Provinzen in ihrer Besonderheit und nunmehr geschehenen Vereinigung auf immer, in friedlicher und befriedigter Haltung. Man könnte den Moment wählen, wo ihnen der König die Provinzial-Verfassungen ertheilt. Ich lasse dahin gestellt, ob eine Andeutung einer engeren Verbindung mit dem übrigen Deutschland, wie sie in dem Zollverein zustande kam, hier damit verknüpft werden könne.

So würde der Umkreis des historischen Lebens dieses Fürsten bezeichnet sein. Und nur darauf käme es an. Es wäre schon genug, wenn der Uebergang von der Niederlage zur Regeneration, der Kampf und der Sieg und der Friede versinnbildet würde, mit mehr oder minder aufschließender Bezeichnung des Factischen nach der Wahl und dem Genius des Künstlers.

Dagegen müßte nur das Thatsächliche in dem Fries vorwalten. Auch dafür bietet die Regierungs-Geschichte Friedrich Wilhelms III. einen so unermeßlich reichen Stoff dar, daß die Auswahl nicht leicht sein dürfte. Soll man hier eine oder die andere von den großen Schlachten darstellen? Ich glaube nicht, denn das würde doch in den Gedankenkreis zurückführen, den das Piedestal ausdrückt.

Vielmehr würde nach einem bereits ausgesprochenen Gedanken das Verhältniß des Königs zu den verschiedenen Ständen der Unterthanen und seine Fürsorge für sie als der geeignetste Gegenstand der künstlerischen Arbeit auf dem Fries zu betrachten sein.

Wenn die Stiftung der Universität Berlin nicht auf dem Piedestal vorkäme, so würde sie auf dem Fries erscheinen müssen, doch wohl zugleich mit der Stiftung der rheinischen Universität[47], dem würde sich die Gründung des Museums[48] anschließen. Aber ich sollte glauben, dass die Fürsorge für das gesammte Unterrichtswesen eine Stelle finden müßte. Gestalten, wie Wilhelm von Humboldt und Altenstein und einer oder der andere der großen Gelehrten der Zeit würden hier angebracht werden können.

Wäre der Union nicht schon anderwärts gedacht, so würde sie an dem Fries nicht fehlen dürfen, denn ohne Zweifel war sie eine der vornehmsten Gedanken des Königs; gegen die Symbolisirung derselben, wie sie angeführt werden, könnten selbst die Andersgesinnten nichts einwenden, da doch nur das innigste Bündniß der beiden protestantischen Kirchen ausgedrückt würde. Wünschenswerth, aber kaum möglich würde es sein, auch die Herstellung der katholischen Bisthümer anzudeuten.

An Kirche und Unterricht würde sich das städtische Leben anschließen; einmal die Verleihung der Städteordnung, wenn sie vom Piedestal wegbliebe, und gewiß aber die Umgestaltung des Verkehrs. Man würde andeuten, dass die Städte nicht mehr geschlossene Packhöfe blieben, was sie bis dahin waren, sondern freie Vereinigungen, man würde die Schlagbäume fallen und das blühende Gewerbe einziehen sehen. Dann käme die Landesculturgesetzgebung an die Reihe, die Aufhebung der Gutsunterthänigkeit, die Begründung eines freien Bauernstandes.

Endlich würde auch der Organisation der Armee aus den Gründen der allgemeinen Dienstpflicht eine Stelle gebühren.

Vielleicht ließe sich hiermit eine Darstellung des Königs in der Mitte seiner vier blühenden Söhne, welche eine gesicherte Zukunft andeuten, in ihrer militairischen Qualität in Verbindung bringen. Aber auch hier käme es darauf an, die leitenden Ideen zur Entscheidung zu bringen, ohne durch Häufung der Gegenstände die Anschauung und Auffassung zu verwirren. Dem Künstler bliebe die Auswahl überlassen, wenn er nur die Intentionen im Allgemeinen anspräche.

Der König würde in dem Fries mehr als Landesvater, in dem Piedestal in seiner politischen Thätigkeit und seinen Schicksalen, in den Eckfiguren des Postaments in seinen Eigenschaften, in der Reiterstatue selbst in seiner Persönlichkeit erscheinen, Wie er war und lebte, so würde sein Bild auf alle Zeiten vor Mit- und Nachwelt dastehen.

Nachschrift: Ausdrücklich mag noch hinzugefügt werden, daß vorstehender Entwurf für den Künstler nicht maßgebend sein soll, weder in Bezug auf die Vertheilung der Räumlichkeiten noch für die einzelnen Darstellungen.

Anmerkungen

1 Ein Bauministerium existierte noch nicht; das Ministerium der öffentlichen Arbeiten wurde erst 1878 ins Leben gerufen.

2 Der Aufsatz von Ursula Storm, Auch die Plastik vor dem Thron der Kritiker? Vorläufige Bemerkungen und Beispiele zur Kunstkritik mit Blick auf die Plastik in Berlin, in: EuP S. 309-324, widmet sich nur der ersten Jahrhunderthälfte und klammert zudem die „Staatskunst“ weitestgehend aus.

3 Zu Stein vgl. aus jüngerer Zeit Heinz Duchhardt, Stein. Eine Biographie, Münster 2007, 2. Aufl. 2010; ders., Freiherr vom Stein: Preußens Reformer und seine Zeit, München 2010; Hans Fenske, Freiherr vom Stein: Reformer und Moralist, Darmstadt 2012.

4 Diese in meinen Augen entscheidende Komponente fehlt leider völlig bei Jutta von Simson, Der Bildhauer Albert Wolff 1814-1892, Berlin 1982, S. 87f.

5 GStA I. HA Rep. 151 (Finanzministerium) I C Nr. 8321.

6 Erster Beleg: NN an Finanzminister Patow, 24. Okt. 1859: ebd.

7 Kurz und prägnant zu dieser Übergangszeit Wolfgang Neugebauer, Die Hohenzollern. Bd. 2: Dynastie im säkularen Wandel. Von 1740 bis in das 20. Jahrhundert, Stuttgart 2003, S. 147ff. – Zu den preußischen Nicht-Krönungen zwischen 1701 und 1861 vgl. auch Heinz Duchhardt, Die preußischen Nicht-Krönungen, in: Dreihundert Jahre Preußische Königskrönung. Eine Tagungsdokumentation, hrsg. von Johannes Kunisch, Berlin 2002, S. 257–263.

8 Dazu jetzt Wolfgang Neugebauer, Der Historiker im Kampf um die Freiheit: Die preußischen Staatshistoriographen, Leopold (von) Ranke und sein Werk über Hardenberg, Berlin 2023, Kapitel 1 und 4.

9 Robert von Patow (1804-1890), zwischen 1858 und 1862 preußischer Finanzminister. Vgl. den NDB-Eintrag von Gerd Heinrich: Bd. 20 (2001), S. 100f.

10 Simson, S. 86.

11 EuP S. 439f.

12 EuP S. 449f.

13 EuP S. 418f.

14 EuP S. 548f.

15 EuP S. 583f.

16 Eup S. 522f.

17 Eup S. 472.

18 EuP S. 581.

19 EuP S. 566.

20 EuP S. 517f. - Gesamtschreiben der Kommission an Prinzregent Wilhelm, 14. Jan. 1860: GStA I. HA Rep. Geheimes Zivilkabinett, jüngere Periode, Nr. 20916, Bl. 19-22.

21 Zu dieser Kohorte der Rauch-Schüler auch Peter Bloch, Die Berliner Bildhauerschule des 19. Jahrhunderts: ein Überblick, in: EuP S. 37-48, hier S. 40f.

22 Zitiert bei Simson, Albert Wolff, S. 87, nach Dioskuren Jg. 5 (1860), S. 318. Mit den „Entwürfen Rauchs" sind diejenigen Skizzen gemeint, die Rauch seinerzeit für den russischen Hof angefertigt hatte.

23 Paraphrase bei Simson, Albert Wolff, S. 88. Auf ungedrucktes Material greift Simson nicht zurück. Vollständiger Druck: Dioskuren Jg. 5 (1860), S. 318f.

24 GStA I. HA Rep. 89, Nr. 20916, Bl. 26-28v. Der Abdruck des Gutachtens in den Dioskuren Jg. 5 (1860), S. 325f und 334.

25 Von Julius Troschel, August Kiß, Albert Wolff, Karl Heinrich Möller, August Fischer, Theodor Kalide, Julius Franz, Hugo Hagen, Christian Friedrich Genschow (nicht Heinrich G.: Simson, Albert Wolff, S. 90), Hermann Schievelbein und Carl Wolgast. Die Entwürfe von August Wredow, Emil Wolff und Wilhelm Matthiae standen damals noch in Aussicht. August Kiß (EuP S. 494), Theodor Kalide (EuP S. 493), Julius Franz (EuP S. 450f.), Christian Friedrich Genschow (EuP S. 457f.) und Carl Wolgast (EuP S. 583) waren ursprünglich vom Kultusministerium nicht eingeladen worden, sich an dem concours zu beteiligen.

26 Ausstellung der Konkurrenz-Skizzen zum Denkmal Friedrich Wilhelms III. in Berlin, in: Dioskuren Jg. 5 (1860), S. 318f., 325f-. 334f., 342f., 351.

27 Dioskuren Jg. 5 (1860), S. 351.

28 Gesamtschreiben der Kommission an den König, 26. Jan. 1861: GStA I. HA Rep. 89 (Geheimes Zivilkabinett) Nr. 20916, Bl. 30/31. – Die Bildhauer, die nicht zum Zug gekommen waren, erhielten übrigens eine Entschädigung in Höhe von 100 Friedrichs d'or.

29 Wilhelm I. an Hohenzollern-Sigmaringen, 24. April 1861: GStA I. HA Rep. 151 (Finanzministerium) I C Nr. 8321.

30 Kultusminister Bethmann-Hollweg an Patow, 22. Juni 1861: ebd. – Moritz August von Bethmann-Hollweg (1795-1877), Jurist (Zivilrecht, Schüler Savignys), Rektor der Universitäten Berlin und Bonn, während der „Neuen Ära" kurz nach Beginn der Regentschaft Wilhelms (I.) preußischer Kultusminister (1858-1862). NDB 2 (1955), S. 187f. (Fritz Fischer); Frankfurter Biographie, hrsg. v. Wolfgang Klötzer, Bd. 1, Frankfurt/M. 1994, S. 66.

31 Diskutiert wurden u. a. um einen Platz zwischen Schloss und Museum, vor der Universität, zwischen der Staatsbibliothek und dem Opernhaus, am Pariser Platz. Vgl. Gesamtschreiben der Kommission an den Prinzregenten, 14. Jan. 1860: GStA I. HA Rep. 89, Nr. 20916, Bl. 19-22.

32 Gesamtschreiben der Kommission an König Wilhelm, 26. Jan. 1861: GStA I. HA Rep. 89, Nr. 20916, Bl. 30-31.

33 Vgl. Simson, Albert Wolff, S. 90.

34 Zu seiner Karriere vgl. die oben in Anm. 4 genannte Monografie von Jutta von Simson.

35 Vgl. den Art. „Gerechtigkeitsbilder" von R. Kahsnitz in: Lexikon der christlichen Ikonographie, Bd. 2, Rom/Freiburg/Basel/Wien 1970 (1994), Sp. 134-140.

36 Ranke sollte den ehemaligen Außenminister Christian von Haugwitz, der sich seit 1820 in eine Villa bei Este zurückgezogen hatte, um hier seine Memoiren zu Papier zu bringen, während seiner Italienreise 1828 noch persönlich kennenlernen, der ihn sogar mit Wein und eigenen Früchten bewirtete. Vgl. Ranke an Heinrich Ranke, 20./21. Nov. 1828: BW S. 176. Seine Memoiren, in denen er seine profranzösische Politik zu rechtfertigen suchte, blieben ein Torso und wurde posthum 1837 unter dem Titel „Fragment des mémoires inédits du comte de Haugwitz" veröffentlicht. Zur Person vgl. den NDB-Eintrag (Bd. 8, 1969, S. 94f.) von Stephan Skalweit.

37 Karl Sigmund vom Stein zum Altenstein (1770-1840), 1808 Nachfolger Heinrich Friedrich Karls vom und zum Stein als Finanzminister, 1817-1838 (erster) preußischer Kultusminister. NDB 1 (1953), S. 216f. (Heinz Gollwitzer); Herbert Hömig, Altenstein: der erste preußische Kultusminister, Münster/W. 2015.

38 Von 1817, auf Veranlassung des Königs als summus episcopus.

39 GStA I. HA Rep. 89, Bl. 38-39v.

40 GStA I. HA Rep. 89, Nr. 20916, Bl. 34.

41 Es kann nicht ausgeschlossen werden, dass Ranke trotz Trauerzeit wenige Wochen nach dem Tod seiner Ehefrau Clarissa – obwohl die Belege fehlen – wie viele andere Funktionsträger aus der Regierungszeit Friedrich Wilhelms III. und als Mitglied der Denkmäler-Kommission an der Einweihung persönlich teilgenommen hat. In Berlin gewesen ist Ranke in der fraglichen Zeit definitiv.

42 Eine ausführliche Beschreibung des Denkmals bei Simson, Albert Wolff, S. 92-95, dort (S. 92) auch ein Foto des Denkmals. Für die Einweihung 1876 hatte man im Sinn des symbolischen Handelns den Jahrestag der Kapitulation des französischen Heeres bei Sedan gewählt!

43 Sie sind im Kleistpark und im Nikolaiviertel aufgestellt worden.

44 Antaeus, Antaios, Gestalt aus der griechischen Mythologie, Sohn des Poseidon und der Gaia, der Mutter Erde. Ein Riese von nahezu unbezwingbarer Stärke, der seine Kraft aus der Erde bezog.

45 29./30. August 1813: Sieg der russischen, österreichischen und preußischen Heere über die Franzosen bei den nordböhmischen Dörfern Kulm und Priesten nahe des strategisch wichtigen Nollendorfer Passes. König Friedrich Wilhelm III. beobachtete die Schlacht vom Teplitzer Schlossberg aus.

46 „sehr“ (?).

47 Bonn.

48 Die Königlichen Museen in Berlin (als „Universalmuseum“) wurden 1823 ins Leben gerufen.

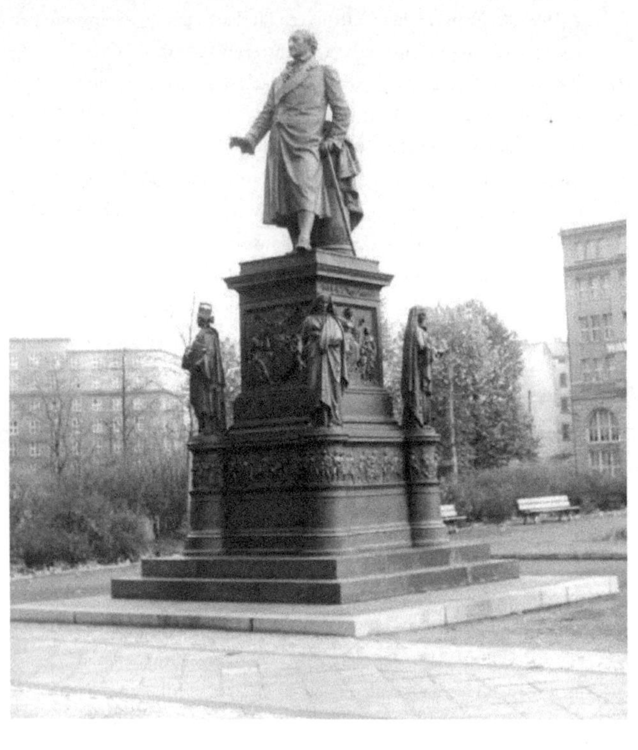

Denkmal Freiherr vom und zum Stein auf dem Dönhoffplatz
an der Leipziger Straße in Berlin
(Zustand in der Zwischenkriegszeit)

Ranke und das Berliner Stein-Denkmal

Ranke und der Freiherr vom Stein haben einander nie persönlich kennengelernt, auch wenn das von den Itineraren der beiden Männer her wenigstens im Frühjahr, im April/Mai, 1827 noch möglich gewesen wäre, als Stein zum letzten Mal für einen etwas längeren Aufenthalt in Berlin weilte und Ranke noch nicht zu seiner langen Forschungsreise nach Wien und Italien aufgebrochen war. Aber es ist bekannt, dass Stein Rankes Frühschriften aus den 1820er-Jahren zur Kenntnis genommen hat, sich darüber in seiner Korrespondenz mit dem faktischen Leiter des großen Editionsunternehmens der *Monumenta Germaniae Historica* Georg Heinrich Pertz sehr positiv ausgelassen hat[1] und dem Kölner Erzbischof Ferdinand von Spiegel – und anderen! – Rankes zweites Buch, die „Fürsten und Völker von Südeuropa im 16. und 17. Jahrhundert" (1827) warm ans Herz legte[2]. Im Herbst 1829, nach dem Erscheinen von Rankes nicht unumstrittener Schrift über die serbische Revolution[3], ließ Stein seine Tochter Therese wissen: „Ranke ist interessant durch die serbische Geschichte"[4]. Man kann wohl davon ausgehen, dass sich Rankes erste drei Bücher auch in Steins Bibliothek befanden, auch wenn sie in einer älteren einschlägigen Studie nicht ausdrücklich erwähnt werden[5]. Es ist sogar belegt, dass Stein den Gedanken ventilierte, ob man den fast drei Jahre zu Forschungszwecken in Italien weilenden jungen Professor nicht als (freien) *Monumenta*-Mitarbeiter gewinnen könne, der nach einschlägigen Manuskripten Ausschau halten könnte oder gar Kollationierungen vornähme[6]. Dass Stein nie mit Ranke direkt brieflichen Kontakt aufnahm, entsprach im Übrigen der Arbeitsteilung zwischen ihm, Pertz und dem jeweiligen Sekretär der Gesellschaft für ältere deutsche Geschichtskunde: Für die Verpflichtung von Mitarbeitern war grundsätzlich Pertz zuständig[7]. Seit der Biograf des preußischen Ex-Ministers[8] in Rankes engeren Umkreis eintrat – seit 1841, als er das Amt des Leiters der Berliner Königlichen Bibliothek übernahm –, ist Stein wohl auch ein ständiges Thema des wissenschaftlichen Austauschs zwischen ihm und Pertz geworden. Es muss für Ranke ein Faszinosum gewesen sein, in Pertz den engsten Mitarbeiter einer der prägenden Persönlichkeiten der preußischen und deutschen Geschichte in der ersten anderthalben Dekade des 19. Jahrhunderts als „Quelle" benutzen zu können – auch wenn die dort gewonnenen Erkenntnisse nie den Aggregatzustand der Verschriftlichung erreichten.

*

Da das Verhältnis Steins zu König Friedrich Wilhelm III., an dem und dessen Regierungsweise er viel auszusetzen gehabt hatte, vor allem nach seiner Entlassung und seiner Exilierung nach Böhmen belastet gewesen war und darüber auch seine – im Übrigen fast diskriminierend späte (1827) – Aufnahme in den Staatsrat nicht hinwegtäuschen konnte, nimmt es nicht Wunder, dass das Projekt eines Stein gewidmeten Denkmals in der preußischen

Hauptstadt zu Lebzeiten des Monarchen keine Chance gehabt hätte. Die Dynastie „liebte" Stein, der sie auf den ungeliebten Weg des Konstitutionalismus gezwungen hatte, nicht: „Distanz war angesagt, nicht etwa Danksagung und Würdigung"[9]. Überhaupt wurden in den Jahren unmittelbar nach den Befreiungskriegen und dem Wiener Kongress zunächst nur Denkmäler für einige der militärischen Führer von 1813 geplant und umgesetzt, nicht aber für die zivilen; auch für Hardenberg ist zunächst kein Denkmal in eine konkrete Planungsphase eingetreten. Aber unmittelbar nach dem Regierungswechsel zu seinem Sohn und Nachfolger auf dem Thron, Friedrich Wilhelm IV., 1840, ging die Denkmalfrage zögerlich, aber erkennbar in den öffentlichen Diskurs über. Varnhagen von Ense, der „Chronist" des zweiten Viertels des 19. Jahrhunderts, wusste im September 1843 von Gerüchten zu berichten, dass der neue König plane, auf dem Berliner Opernplatz vier Standbilder zu errichten, nämlich von Yorck und Gneisenau als den militärischen Gallionsfiguren des Umschwungs von 1812/13, und von Hardenberg und Stein als den prominenten zivilen Führern Preußens in schweren Jahren. Varnhagen regte, wohl nicht ohne eine Spur Süffisanz, an, dann gleich auch noch Denkmäler für Christian Wolff und Fichte, für Hegel und Schleiermacher vor der Universität zu errichten[10]. Aber dass Friedrich Wilhelm IV. diesen Gedanken einer „Paketklösung" je zeitnah zu den Gerüchten weiterverfolgt hat, ist unwahrscheinlich. Im Übrigen sollten die Denkmäler für die beiden Militärs dann als Elemente einer auf die Militärgeschichte rekurrierenden preußischen Memoria in der Tat zusammen errichtet werden, freilich erst – im Zuge einer „denkmalpolitischen und auf die preußische Militärgeschichte fixierten Traditionsbildung"[11] – 1855. Bis dahin aber waren schon längst andere in diese Traditionsbildung eingebundene Militärs wie der 1819 verstorbene Feldmarschall Blücher (1826) und der 1813 verstorbene Scharnhorst gar schon 1822 mit Berliner Denkmäler geehrt worden, ausgeführt in dem einen Fall von Christian Daniel Rauch, von Rauch und Friedrich Schinkel im anderen. Aber, wie gesagt, die Krone hatte sich mit den zivilen Vätern des neuen Preußen zunächst schwergetan, umso mehr wenn man weiß, dass Friedrich Wilhelm III. nicht nur mit Stein, sondern auch mit Hardenberg, wie Varnhagen zu wissen behauptete, seine Probleme gehabt hatte – was dessen Erhebung in den Fürstenrang und dessen reiche Ausstattung mit Besitzungen durch die Krone freilich kaum widerspiegelt.

Da Steins Verhältnis zur Dynastie und ganz unmittelbar zum König nach 1814 nie mehr recht auf die Reihe gekommen war, fehlen naheliegenderweise Belege, dass am Berliner Hof und in der engeren Entourage des Monarchen jemals über die Option eines Denkmals für den Modernisator des preußischen Staats nachgedacht worden ist – wenig oder gar nichts spricht dafür. Auch die kurz nach Steins Tod (1831) einsetzenden, vom westfälischen Provinziallandtag ausgehenden Überlegungen, mit einem Stein-Denkmal voranzugehen[12], stießen, sofern sie überhaupt Berlin erreichten, in der Metropole auf keinerlei

Resonanz. Aber mit dem Ableben Friedrich Wilhelms III. wurden die Karten neu gemischt. Parallel zu den verschiedenen wissenschaftspolitischen Aktivtäten des neuen Königs, etwa der Stiftung der Friedensklasse des Ordens Pour le Mérite[13] und des Verdun-Preises für das beste, jeweils in den zurückliegenden fünf Jahren erschienene Buch zur deutschen Geschichte[14], wurde auch die Erinnerungskultur neu belebt, und das betraf nun auch jene Personen, gegen die der verstorbene König aus diesem oder jenem Grund eine Abneigung gehabt hatte und denen er statt mit Würdigung mit Distanz (oder Gleichgültigkeit) begegnet war. Und das schloss auch Stein schon allein deswegen ein, weil dieser zum nunmehrigen König seit dessen Kronprinzenzeit immer ein besonders nahes Verhältnis gepflegt hatte.

Man kann davon ausgehen, dass seit den von Varnhagen von Ense kolportierten ersten Überlegungen, auch die beiden Politiker, die wie keine anderen für Preußens Aufbruch in die Moderne standen, mit Denkmälern zu ehren, das Thema am Hof weiter diskutiert wurde, allerdings wohl doch zunächst noch auf kleiner Flamme und ohne politische Durchschlagskraft. Erst fünfzehn Jahre später, im Zusammenhang mit Steins 100. Geburtstag (1857), wurde eine neue Stufe des Meinungsbildungsprozesses erreicht: zu einem Zeitpunkt also, zu dem die erste umfassende, freilich literarisch unbefriedigende Stein-Biografie aus der Feder seines ehemaligen Mitarbeiters und nunmehrigen Leiters der Berliner Königlichen Bibliothek und Akademiemitglieds Georg Heinrich Pertz bereits geschlossen vorlag und, angeregt durch den Protegé des Königs, den Diplomaten Christian Karl Josias von Bunsen, Ernst Moritz Arndt seinen Bestseller „Wanderungen und Wandelungen mit dem Reichsfreiherrn vom Stein" ins Publikum gegeben hatte[15]. Es scheint keinem Zweifel zu unterliegen, dass die Gedenkjahr-Euphorie und das literarische Ereignis eines Memoirenwerks seines langjährigen Mitarbeiters und publizistischen Begleiters Arndt die Idee eines Stein-Denkmals nachhaltig befördert hat. Jedenfalls konstituierte sich gerade einmal ein halbes Jahr nach Steins 100. Geburtstag, Ende März 1858, in Berlin ein „Central-Ausschuss" für ein Stein-Denkmal in der Reichshauptstadt, das von keinem Geringeren als dem weltweit hoch angesehenen Alexander von Humboldt präsidiert wurde (und in Gestalt von Pertz eine Art geschäftsführenden Vizepräsidenten hatte). Dieser „Centralausschuss" war hochrangig besetzt, unter anderem mit dem Generalstabsoffizier und Parlamentarier Karl Friedrich von Vincke und Theodor von Schöns Schwiegersohn Magnus von Brünneck, veränderte sich in seiner Zusammensetzung aber schnell, als ihm Liberale wie der Präsident des Preußischen Abgeordnetenhauses (und spätere Präsident des Reichsgerichts) Eduard Simson, der rechtsliberale Berliner Professor Rudolf Gneist und der Breslauer und nachmalige Berliner Oberbürgermeister Max von Forckenbeck beitraten sowie, nicht zuletzt, der Feldmarschall Graf Moltke, der später den Vorsitz übernehmen sollte. Das waren Persönlichkeiten, die über genügend Verbindungen verfügten, um finanzielle Mittel für die Errichtung des Stein-Denkmals einzuwerben. Denn das musste das primäre Ziel des „Centralausschusses" sein, Ressourcen vorzuhalten, um der Krone das Projekt eines Stein-Denkmals in der Hauptstadt nachdrücklich nahezubringen. Freilich hat, um den Dingen etwas vorzugreifen, mit diesem Mitgliederzuwachs in den Augen konservativer Kräfte der Ausschuss zugleich eine stärker liberale Physiognomie erhalten, die ihn für manche nun sogar „verdächtig" machte.

Der „Centralverein" gab sich einen Monat nach Zusammentritt des „Centralausschusses" ein Statut, in dem proklamiert wurde, dass möglichst aus allen preußischen Provinzen Mitglieder gewonnen werden sollten, was über Lokal- und Provinzialkomitees vor sich gehen sollte, wobei die gesammelten Gelder ausschließlich der Herstellung des Denkmals zugutekommen dürften. Zum damaligen Zeitpunkt umfasste die Liste der Gründungsmitglieder gerade einmal 34 Namen, darunter die von zehn Berlinern (unter ihnen neben Humboldt und Pertz etwa auch noch der Geheime Legationsrat und nachmalige Finanzminister von Patow[16]). 1860, also zwei Jahre später, war die Zahl nur der Berliner Mitglieder bereits auf 74 angewachsen, unter denen sich auch ein so renommierter Wissenschaftler wie der Mediziner Rudolf Virchow befand, der sich später auch noch bei anderen Denkmalprojekten, etwa dem der Gebrüder Humboldt, engagieren sollte. Und die Werbemaßnahmen gingen weiter, erreichten – es ist darauf zurückzukommen – geradezu globale Ausmaße, und fanden ihr Pendant in einer intensiven Pressearbeit, die immer deutlicher die Bedeutung

Steins für das gesamte deutsche Volk thematisierte, ihn also gewissermaßen „nationalisierte“ (und damit wenigstens partiell „entpreußte“). Fassbar wird das etwa in einer Schrift aus dem Jahr 1860 „Die Stellung der deutschen Nation zum Freiherrn vom Stein, oder: Jetzt ist es doch wohl Zeit, dass Deutschland auch dem Freiherrn vom Stein ein Monument errichtet: Ein Aufruf an die deutsche Nation, der Ertrag zum Besten des Stein-Denkmals“.

*

Ob Ranke als eine im Rampenlicht der Öffentlichkeit stehende Persönlichkeit damals – 1860 – zu den Mitgliedern des „Centralvereins“ zählte, ist überaus fraglich und kann im Grunde ausgeschlossen werden. Es würde zwar verwundern, wenn er sich von dieser neuen Stein-Begeisterung nicht hätte anstecken lassen, und mit hoher Wahrscheinlichkeit hat ihn auch sein Kollege und (nicht unproblematischer) Freund Pertz mehr als einmal auf diesen Verein angesprochen. Aber es mag für Ranke gewichtige Gründe gegeben haben, dem Verein nicht beizutreten: Schon damals war Ranke in seiner Funktion als preußischer Staatshistoriograf Mitglied der unten näher vorgestellten Denkmal-Kommission, und vor diesem Hintergrund hätte seine Mitgliedschaft im „Centralverein“ nicht nur möglicherweise, sondern mit Gewissheit als Befangenheit ausgelegt werden können. Sein Lieblingsbruder und „alter ego“ Heinrich hat in seinen erst posthum (1877) publizierten „Jugenderinnerungen“[17]

ein Bild des Freiherrn gezeichnet, das im Hause Ranke wohl das gängige war und insofern auch für den Bruder Leopold angenommen werden kann: „In seiner Trennung hatte Deutschland sich vollkommen machtlos gezeigt; als es sich wieder geeinigt hatte, um den Feind aus seinen Grenzen zu vertreiben, hatte es den ruhmvollsten Sieg errungen. Da dachte wohl jeder deutsche Mann daran, dass die deutschen Stämme vereinigt bleiben müßten und nach solchen Erfahrungen auch vereinigt bleiben würden. [...] Eben dafür hatte Stein, wohl der größte Staatsmann, den Deutschland gesehen, mit seinem Freund und Begleiter, Ernst Moritz Arndt, alle seine Kraft eingesetzt“[18]. Ranke hatte sich bis dahin in seinen wissenschaftlichen Arbeiten zwar nie detailliert oder gar biografisch mit Stein beschäftigt, und das sollte sich auch nicht mehr ändern, wobei es eher einem Zufall geschuldet war, dass er sich in den späteren 1860er-Jahren nach vorzeitiger Entsiegelung des Nachlasses dann just der Biografie Hardenbergs annehmen sollte, den Stein seines Lebenswandels wegen letztlich ja verachtet hatte. Aber seine Hochschätzung Steins, die auch die Hardenberg-Biografie spiegelt, hatte das überhaupt nicht tangiert: Auch Ranke hat die Lebensführung Hardenbergs mit seinen drei Ehen und weiteren Affären negativ berührt; in seinem „Hardenberg“ hat er, um nur ein Zitat anzuführen, formuliert: „Hardenberg war keineswegs correct in seinem Privatleben“[19]. Und auf der anderen Seite: Wie hätte ihn nicht der geschworene Gegner Napoleons, der Mann, der auf dem Wiener Kongress für die Beibehaltung der territorialen (und damit auch dynastischen) Vielgestaltigkeit der Mitte Deutschlands, der sich vehement für die ständische Idee in Preußen und die Einhaltung des Verfassungsversprechens eingesetzt hatte – wie hätte ihn dieser Mann nicht beeindrucken sollen? Freilich fehlen, solange die kritische Edition der Ranke-Korrespondenz stagniert und über das Jahr 1825 noch nicht hinausgekommen ist (und derzeit gar „sistiert" ist!), die Belege. Und man muss zudem bedenken, dass Ranke bis 1860 zur „Sattelzeit" und zur wechselvollen Geschichte Preußens in den Jahren nach 1800 noch nichts publiziert hatte – seine „Neun Bücher preußischer Geschichte" (1848/49) waren ja bereits mit dem Siebenjährigen Krieg abgebrochen. Aber später, im „Hardenberg", hat Ranke zu einer wahren Eloge auf Stein ausgeholt; das obige Zitat zum Privatleben Hardenbergs setzt sich so fort: „...an Stein hätte Niemand auch nur den geringsten Tadel in dieser Beziehung entdecken können", um die lange Charakteristik dann zu beenden: „In Stein schlug noch mehr [als bei Hardenberg] ein deutsches Herz; die sittliche Macht des deutschen Gedankens wohnte in seiner Seele"[20]. In einer Biografie eines preußischen Staatsmanns las das gewiss nicht jeder Berliner Ministerialbeamte gerne und mit voller Zustimmung.

Ranke wurde im Herbst 1859 – also schon nach der interimistischen Übernahme des Throns durch Friedrich Wilhelms IV. Bruder, den Kronprinzen Wilhelm (I.) – in eine Kommission berufen, die sich mit der Gestaltung eines Denkmäler-Trios Friedrich Wilhelm III./Hardenberg/Stein beschäftigte; Denkmäler nur für die beiden

Minister, ohne dass der Monarch schon „in Stein gebaut" worden wäre, schlossen sich natürlich, wie an anderer Stelle gezeigt wird, aus. Dieses Meinungsbild hatte sich im Zivilkabinett und in den Berliner Ministerien – dem Kultus- und dem Finanzministerium – seit den ersten Vorstößen der Stein-*pressure-groups* aus Berlin und aus Westfalen mehr und mehr geschärft: Nachdem zunächst noch von nur zwei Denkmälern – Friedrich Wilhelm III. und Stein – die Rede gewesen war, hatte sich seit dem Herbst 1859 die Dreier-Option durchgesetzt: König/ Stein/Hardenberg. Die oben genannte Kommission, die unter dem Vorsitz des Fürsten Karl Anton von Hohenzollern-Sigmaringen – und bei dessen Abwesenheit unter dem des zukünftigen Kultusministers Heinrich von Mühler – stand[21], gehörten außer Ranke noch an der Staatsminister Auerswald, der Generaldirektor der preußischen Museen von Olfers[22], der Geheime Oberbaurat Stüler[23], Direktor Peter von Cornelius[24] und der Geheime Regierungsrat Pinder[25] – Männer, mit denen Ranke (über die Akademie oder den Orden Pour le Mérite) zum Teil schon länger in enger Verbindung stand. Zu einem Zeitpunkt, als Ranke sich auf Reisen befand[26] und deswegen an einer Sitzung dieser Kommission nicht persönlich teilnehmen konnte, ersuchte ihn die Kommission, dem für das Hardenberg-Denkmal ins Auge gefassten Bildhauer Hagen[27] „vom historischen Standpunkt aus Rat zu erteilen"[28].

Ranke fasste diesen Auftrag viel breiter auf, als es die Kommission mutmaßlich erwartet hatte. Im Begleitschreiben an Mühler[29] zu seinem Gutachten begründete er das damit, dass es nicht ausreiche, das Denkmal Hardenberg isoliert zu betrachten, man müsse vielmehr zugleich das Pendant, das Stein-Denkmal, mit im Auge haben: „Denn keiner von den Künstlern dürfte ohne Rücksicht auf den anderen arbeiten, schon um nicht bei den Basreliefs in Konkurrenz zu geraten". Und wo die Unterschiede der beiden Protagonisten zu suchen wären, das führte er dann in dem eigentlichen Gutachten deutlich aus. Stein und Hardenberg seien „in Sinnesweise und Charakter" zwei sehr unterschiedliche Persönlichkeiten gewesen: Hier Stein, „ein Mann von großem inneren Impuls, einer gleichsam berechtigten Leidenschaft – denn die galt den höchsten Ideen, dem Vaterland und der Religion –, gläubig durch und durch und moralisch über allen Tadel erhaben, von einer beherrschenden Persönlichkeit". Und dort Hardenberg: An seiner „moralischen Haltung läßt sich vieles aussetzen; aber er hatte geistige Qualitäten ersten Ranges, einen weiten, immer auf das Ziel gerichteten Scharfblick, Zurückhaltung und Unternehmungsgeist, beides im rechten Augenblick, unermüdliche Applikation". Und die Gegenüberstellungen gehen weiter: Stein sei „der Träger der deutschen Ideen in ihrem Zusammenhang mit dem Preußischen Staat" gewesen, Hardenberg dagegen „lebte in den eigentümlichen preußischen Interessen", in ihrer Förderung habe er „die Aufgabe seines Lebens" gesehen. Stein habe etwas von einem „Ritter des Mittelalters" in sich getragen, Hardenberg sei ein „vornehmer Mann von modernem Gepräge" gewesen; Stein sei ein „Mann der Anbahnung" gewesen, Hardenberg „ein Mann der Ausführung unter den gegebenen Bedingungen".

Aber damit verlässt Ranke die Perspektive des Vergleichs und wendet sich konkret dem derzeit in Planung begriffenen Hardenberg-Denkmal zu: Der Staatskanzler habe in der Innen- und Außenpolitik zur „Begründung einer neuen Epoche des Preußischen Staates mehr beigetragen als irgendein anderer Staatsmann". Von dem Motiv einer nach seinem Tod auf ihn geschlagenen Medaille – der Steuermann in den gefährlichen Stürmen[30] – müsse auch etwas auf das Denkmal übergehen. Im Basrelief müsse einerseits auf das Moment der Hebung des Bürgerstandes exklusiven Vorrechten gegenüber abgehoben werden und andererseits wäre die „Rekonstruierung des Staates durch glückliche Friedensschlüsse" zu thematisieren: denn „eine Verhandlung zu Bündnis und Frieden dürfte den Gegenstand einer sehr realen Darstellung geben können". Im Übrigen plädierte Ranke dafür, die beiden Staatsmänner auf den jeweiligen Denkmälern in sitzender Stellung darzustellen: „die Könige mögen stehen".

Es ist keine Frage, dass Ranke dem Bildhauer eine Reihe interessanter Hinweise für seine Arbeit an die Hand gegeben hat. Das Gutachten spiegelt aber zugleich seine Fähigkeit, eine Art Psychogramm zu entwerfen und zwischen beiden Protagonisten klar zu unterscheiden: Stein war für ihn der Mann des Herzens, Hardenberg der der Ratio, der Realpolitik. Es ist jammerschade, dass ein zwar die Details entbehrendes, aber immerhin doch relativ konkretes Gutachten Rankes wie zum Hardenberg-Denkmal für das Stein-Monument nicht vorliegt.

*

Ranke trug als Mitglied der Denkmäler-Kommission natürlich eine Mitverantwortung für alle drei in der Diskussion befindlichen Monumente und hat sich, wie an anderer Stelle gezeigt wird[31], ja auch inhaltlich detailliert zu dem Königs-Denkmal geäußert. Aber den mühsamen Prozess des Entstehens des Stein-Denkmals hat er dann wohl doch mit besonderem innerem Engagement begleitet. Das hing mit seinem positiv konnotierten Stein-Bild zusammen, der Affinität zu einer Persönlichkeit, die immer über Preußen hinaus gedacht und das *ganze* Deutschland im Blick gehabt hatte und die ihm im Vergleich mit dem König und Hardenberg zweifellos die sympathischste war. Auch wenn er aus den dargelegten Gründen nicht dem „Centralverein" beigetreten war, hat er dessen Bemühungen fraglos mit allem inneren Wohlwollen verfolgt, wie er auch über Freunde und Kollegen als Mitgliedern des „Centralvereins" über dessen Aktivitäten und Meinungsbildungen auf dem Laufenden gehalten wurde (die ihn wohl auch hin und wieder baten, die Interessen des Vereins in der Denkmäler-Kommission zu vertreten). Ranke war gewiss nicht derjenige Mitentscheidungsträger, der dem möglichst raschen Abschluss des Vorhabens Steine in den Weg gelegt hätte. Dass dieser Prozess sich trotzdem so lange hinschleppte, lag zudem weniger am Verein, der vielmehr eine Werbeoffensive startete, die ihresgleichen suchen dürfte und nicht nur auf die preußischen Funktionsträger, sondern auch auf die Universitäten und Schulen, auf die preußischen Diplomaten im Ausland (und damit die Auslandsdeutschen) zielte und von einer konsequenten Medienpolitik begleitet wurde. Entscheidend war vielmehr, dass sich im Verlauf dieser Werbekampagne in der Wahrnehmung der „Öffentlichkeit" das Stein-Bild verschob: Nicht mehr nur der preußische Ex-Minister mit seinen bahnbrechenden Reformen und der Mann, der auf dem Wiener Kongress nicht mehr viel zu bewegen vermochte, wurde angesprochen, sondern nun verstärkt der große deutsche Staatsmann, der, wie es in einem Aufruf vom 31. Oktober 1860 hieß, „eingedenk seiner unsterblichen Verdienste um die Rettung und beginnende Wiedergeburt nicht blos Preußens, sondern des ganzen deutschen Vaterlandes" eine Ehrung zwingend erforderlich mache. Man kann von einer „Nationalisierung" Steins sprechen, die in den Jahren unmittelbar vor der Begründung des Nationalstaats zur zündenden Idee wurde, um die Kassen des Vereins klingeln zu lassen. Aber das gefiel in den Reihen der preußischen Verantwortlichen naturgemäß nicht jedem; die retardierenden Kräfte saßen in den Berliner Ministerien, nicht in der Denkmäler-Kommission. Der jüngst abberufene Innenminister Ferdinand von Westphalen etwa sprach sich im Juli 1858 grundsätzlich dagegen aus, das Vorhaben zum jetzigen Zeitpunkt und unter den gegebenen Rahmenbedingungen zu realisieren: nicht, weil er grundsätzlich bezweifle, dass hier eine Ehrenschuld Preußens vorliege, sondern weil zu befürchten sei, dass bei Erfüllung dieser Pflicht „politische Parteistandpunkte" zum Tragen kämen. Der „Centralverein" sei ganz offenkundig ein Parteiunternehmen, dem es nur um die „politische Ausbeutung" Steins gehe; der königliche Wille dürfe aber nicht in den Strudel der Parteien hineingezogen werden. Die Staatsregierung dürfe deshalb einem solchen Vorhaben nicht ihre Hand leihen. Der König müsse die Errichtung des Stein-Denkmals ganz allein in seiner Regie behalten[32].

Insofern war nicht das Finanzielle das eigentliche Problem, sondern der Prozess der „Umwidmung" Steins und das Ineinandergreifen von privater Initiative und staatlicher Federführung. Denn daran ließ die Krone keine Zweifel aufkommen: Dass sie jeden „Wildwuchs" unterbinden und Denkmalidee und Denkmalentwurf auf jeden Fall auf den Prüfstand der Systemkonformität stellen würde. Und da waren im Schoß der Regierung eben erhebliche Bedenken aufgekommen, ob in dem „Centralverein" nicht ein Verbund oppositioneller, also liberaler Politiker zu sehen sei, die den Politiker Stein gemäß ihren Interessen zu instrumentalisieren suchten. Schon dass kurz nach Gründung des Vereins ein halbes Dutzend als konservativ geltende Mitglieder wieder ausgetreten war[33], war Wasser auf die Mühlen der retardierenden Kräfte in den Berliner Ministerien. Auf der anderen Seite wurden sie durch die Pressearbeit und Medienpolitik des Vereins unter Druck gesetzt, so dass es am Ende angesichts der Erwartungshaltung der Öffentlichkeit nur noch darum gehen konnte, das Vorhaben irgendwie unter staatliche Kontrolle zu bringen, ohne es noch verhindern zu können. Denn letztlich wollte das niemand: Prinz Wilhelm von Preußen – sein Bruder Friedrich Wilhelm IV. war krankheitsbedingt schon nicht mehr geschäftsfähig – hatte schon das Memorandum des Vereins vom April 1858, in dem von dem „gerechten Werk" eines Standbilds aus Marmor oder Erz, mit dem man sich nun an alle Deutschen mit der Bitte um Unterstützung wenden werde, mit den „huldvollsten Bezeugungen" entgegengenommen. Das hatte zwar die konservativ-warnenden Stimmen nicht völlig zum Schweigen gebracht, aber schon im Hochsommer erklärte der Regent sich mit dem Projekt der Errichtung eines Stein-Denkmals in der Reichshauptstadt formell einverstanden – freilich nun, um dem Vorgang etwas von seiner vermeintlichen Brisanz zu nehmen, in Gestalt der oben schon angesprochenen „Paketlösung", indem neben dem Stein-Denkmal nun auch die Ehrenmale für Hardenberg und Friedrich Wilhelm III. beschlossen und in Auftrag gegeben wurden. Es war letztlich eine geniale Idee, weil dadurch die Fokussierung der Öffentlichkeit auf das aus einem vermeintlich (und damit „anstößigen") liberalen Lager initiierte Stein-Denkmal ausgebremst wurde und zum Teil eines größeren Gesamtkonzepts zum preußischen *lieu de mémoire* der „Wiedergeburt" des Staates umfunktioniert wurde.

Warum, so ist zu fragen, wurde Ranke als Mitglied der Denkmäler-Kommission nicht wie bei dem Königs-Denkmal um ein Fach-Gutachten gebeten? Die Sachlage war eine völlig andere: Hier ein Denkmal, das, sieht man von den Plänen und Skizzen Christian Daniel Rauchs ab, sozusagen von einem Punkt Null aus startete und dessen Konzeption förmlich wettbewerbsmäßig ausgeschrieben wurde, dort ein Denkmal, für das der „Centralverein" schon wesentliche künstlerische Vorarbeiten geleistet hatte, für das die Grundlagen also schon gelegt waren und für das der Künstler (Schievelbein) von vornherein feststand. Beim Stein-Denkmal konnte es „nur" darum gehen, die Entwürfe des Vereins kritisch zu kommentieren – bei Hof und in der Kommission –, aber nicht mehr darum, einen förmlichen Gegenentwurf auszuarbeiten, der gegen den Willen des (finanzkräftigen) Centralvereins ohnehin nicht durchsetzbar gewesen wäre. Ein richtiges historisches Gutachten aus den Reihen der Kommission war deshalb entbehrlich und wäre auch nur kontraproduktiv gewesen.

*

Auch wenn im Umfeld des Gedenkjahres 1857 eine breite öffentliche Bewegung sich für das Stein-Denkmal formiert hatte, sollte es noch Jahre dauern, bis es tatsächlich verwirklicht wurde. Zwar hatte sich die Krone bereits 1860 entgegen den Vorstellungen des Vereins, der (wie beim Königsdenkmal) eine förmliche Ausschreibung präferiert hätte[34], für den Bildhauer Friedrich Anton Hermann Schievelbein entschieden, der bei dem Ideenwettbewerb für das Denkmal Friedrich Wilhelms III. den zweiten Preis errungen hatte. Aber es war in der gegebenen Situation des Jahres 1860 klar, dass das Königs-Denkmal zunächst absolute Priorität genoss, zumal eine parallele Errichtung dreier Denkmäler die finanziellen Möglichkeiten der Krone um Längen übertraf. Insofern war die von Stein initiierte Entscheidung der Krone, die

Acquisition von Fremdmitteln dem Verein zu gestatten und die Privatbeteiligung des Vereins an den Kosten als statthaft zu erklären, eine wichtige Etappe[35] – als Mitglied des „Central-Vereins" hätte Stein eine solche Eingabe wohl nur schwerlich einbringen können. Das von dem Bildhauer Albert Wolff gestaltete und 1863 grundsteingelegte Reiterdenkmal Friedrich Wilhelms III[36]. konnte freilich auch nicht am vorgesehenen Termin, dem 100. Geburtstag des Dargestellten, im Berliner Lustgarten enthüllt werden, sondern des Ausbruchs des Deutsch-Französischen Krieges wegen erst ein Jahr später, allerdings immer noch in einem unfertigen Zustand, der erst 1876 beendet wurde. Sodann wurde die Finanzierung der Denkmäler der beiden Minister – für das Hardenberg-Denkmal stand keine externe Unterstützung in Aussicht – für das Berliner Finanzministerium zu einem Problem, schließlich gab es wegen des Standorts heftige Diskussionen zwischen der Regierung – die für das Dreierensemble den Lustgarten vorgesehen hatte – und dem „Central-Verein", der das Stein-Denkmal als Solitär auf dem (ebenfalls prominenten) Opernplatz errichtet sehen wollte.

Auch wenn für die beiden Minister-Denkmäler, wie Rankes oben referiertes Gutachten ja auch spiegelt, die Bildhauer für Hardenberg (Hagen) und Stein (Schievelbein) feststanden und beide auch tatsächlich mit ihren Arbeiten begannen – Schievelbein, der nach dem Urteil eines Biografen nicht gerade zu den „epochemachenden Meistern" gerechnet werden darf[37], legte 1863 einen ersten Entwurf vor[38], dem er im nächsten Jahr einen leicht abgeänderten folgen ließ, der auch den Beifall der Immediatkommission und des Königs fand[39] –, wurde es dann doch noch eine fast unendliche Geschichte. Immer wieder stießen sich die Vorstellungen des Vereins, der in einer Inschrift beispielsweise das „deutsche Volk" besonders angesprochen sehen wollte[40], und die Vorstellungen der preußischen Ministerien, die auf einem Denkmal in Berlin natürlich das „Preußische" besonders gewichtet sehen wollten. Für Ranke war die „deutsche" Mission des Reichsfreiherrn keineswegs etwas Absonderlich-Diskriminierendes; kein Zufall deswegen auch, dass er sich in der Kommission zeitweise für den Gedanken stark machte, das Stein-Denkmal in der Nähe des Ehrenmals Blüchers als zweier Männer, die für das ganze Deutschland gewirkt und gekämpft hatten, zu platzieren[41]. Was das Stein-Denkmal betrifft, so warf der unvorhersehbare Tod des Bildhauers Schievelbein im Mai 1867 neue Probleme auf, insbesondere über die Person des Künstlers, der das Vorhaben abschließen sollte: Die Regierung favorisierte einen Schievelbein-Schüler, vorzugsweise Rudolf Schweinitz[42], während die Akademie der Künste, neben dem „Central-Verein" sozusagen der dritte „Player" in diesem Spiel, das Akademiemitglied Hugo Hagen[43] benannte und unterstützte. Hagen erhielt am Ende den Zuschlag, aber auch er sollte die Einweihung des Denkmals nicht erleben; er verstarb bereits 1871. Rückschläge über Rückschläge!

Es bedurfte dann erst eines energischen Vorstoßes des „Central-Vereins" und seines neuen, in der Regierung hoch angesehenen Präsidenten, des Feldmarschalls Moltke, mit dem dringenden Ersuchen, die Arbeiten an dem Denkmal nun zügig abzuschließen, um wieder Bewegung in die Sache zu bringen. Moltke war einige Jahre zuvor von Ranke und Pertz gemeinsam zur Wahl als Ehrenmitglied in die Akademie der Wissenschaften vorgeschlagen worden, möglicherweise schon mit Blick auf seine Unterstützung des Stein-Projekts[44], und auch der damals im „Komitee", also dem Vorstand des „Central-Vereins", aktive Jurist Rudolf von Gneist muss zu den engen Freunden Rankes gezählt werden, nahm er doch zum Beispiel später an Rankes letztem Geburtstag teil. Man kann somit wohl davon ausgehen, dass Ranke über alles, was den mühsamen Prozess der Denkmalerrichtung betraf, bestens informiert war, auch nachdem die Immediatkommission ihre Arbeit eingestellt hatte. Moltkes Intervention brachte in der Tat wieder Schwung in die Angelegenheit, lief aber dann an der Frage der noch nicht entschiedenen Platzierung des Denkmals – als Teil eines Ensembles der militärischen und zivilen Mitarbeiter Friedrich Wilhelms III. am Rande des Lustgartens oder als Solitär auf dem Opernplatz – wieder auf; der Standort war im Übrigen seit Beginn der Verhandlungen ein Dauerthema und hatte zu einer Vielzahl von Optionen geführt (nahe dem Prinzessinnen-Palais, vor dem Zeughaus usw.). Am Ende wurde das Denkmal dann nach einer 17-jährigen Vorlauf- und Entstehungszeit am 26. Oktober 1875 auf dem Berliner Dönhoffplatz enthüllt, also an einem sicher weniger herausgehobenen Platz als im Lustgarten oder vor der Oper, aber irgendwie dann doch sinnvoll: Stein wäre der Platz unmittelbar vor dem Abgeordnetenhaus des Preußischen Landtags sicher um vieles lieber gewesen als an der Seite des Monarchen. Auch andere Optionen wie der Leipziger Platz oder das Areal zwischen der Schlossbrücke und dem Zeughaus waren nicht zum Tragen gekommen.

Über die politische Symbolik des Festzugs ist hier nicht mehr zu handeln: Kaiser Wilhelm, der am Ende die Entscheidung für die Widmung getroffen hatte („dem Minister Freiherr vom Stein das dankbare Vaterland", das so oder so, „preußisch" oder „deutsch", verstanden werden konnte[45]) hatte sich kurzfristig wegen „Unwohlsein" entschuldigen müssen[46], die Enthüllung des Denkmals wurde durch den Reichstagspräsidenten Forckenbeck vorgenommen, der Platz war prunkvoll gestaltet und illuminiert worden, der Festzug wurde von „bekennenden" Liberalen wie etwa dem Oberbürgermeister Hobecht angeführt, die Festrede hielt Rudolf von Gneist, der als rechtsliberaler und zugleich altpreußisch-konservativ ausgerichteter prominenter Jurist das liberale Potential in Steins Reformen thematisierte und damit indirekt dafür verantwortlich war, dass die liberale Presse dazu aufrief, ganz Deutschland flächendeckend mit Stein-Denkmälern zu überziehen. Dazu sollte es dann allerdings doch nicht kommen.

*

Ranke stand dem Vorhaben eines Denkmals des preußischen Reformers ganz ohne Frage, entsprechend seinem Stein-Bild, ausgesprochen positiv gegenüber und hat in

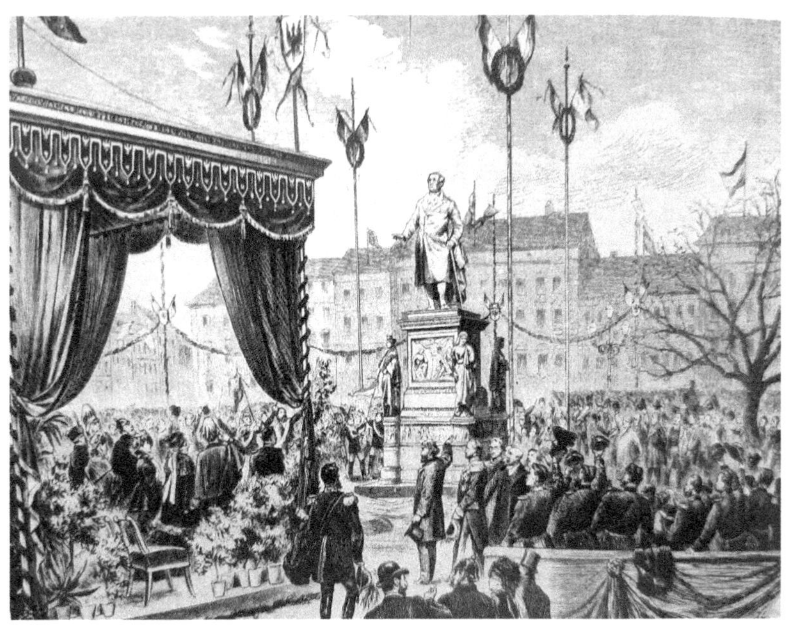

Die Enthüllung des Stein-Denkmals am 26. Oktober 1875 in Berlin

seinem „vergleichenden“ Gutachten die ihm sehr sympathischen Charaktereigenschaften Steins dann auch unmissverständlich unterstrichen. Der „Central-Verein“, der von Westfalen seinen Ausgang genommen hatte, war ihm dann allerdings wohl doch ein wenig zu liberal, um sich hier nachhaltig zu integrieren und gar eine Führungsrolle zu übernehmen; von dem unabwendbaren Interessenkonflikt mit dem Amt in der Denkmäler-Kommission wurde oben ja schon gesprochen. Aber mit Pertz, Gneist und Moltke hatte er sicher Bekannte und Freunde, die ihn über die lange Entstehungsgeschichte des Denkmals und die nur zum Teil zum Tragen kommenden Optionen des Vereins auf dem Laufenden hielten. Und er hat sich, was ihm als Vereinsmitglied unmöglich gewesen wäre, durchaus in der Denkmäler-Kommission hin und wieder für die Belange des Vereins eingesetzt. An dem Programm des Basreliefs des Denkmals ist er dann aber wohl doch nicht mehr aktiv beteiligt gewesen, wiewohl er in der Diskussionsrunde mit Schievelbein ganz sicher Position bezogen hat. Wir haben auch keine Nachrichten, dass er an der Einweihung des Denkmals teilgenommen hätte. Aber das wäre ihm seiner Augenschwäche wegen sicher auch schon extrem schwergefallen.

Das Stein-Denkmal wurde nach fast 20 Jahren Planung, Diskussionen und Künstlerwechsel damit tatsächlich der Öffentlichkeit übergeben. Das von Hagen entworfene Hardenberg-Denkmal, das seit 1859/60 integraler Bestandteil des Berliner Denkmäler-Terzetts gewesen war, auch wenn es früh gegenüber den anderen beiden Denkmälern wieder zurückgetreten war, hatte ein missliches Schicksal. Es konnte erst 1907, nachdem die Künstler mehrfach gewechselt hatten und es von dem Bildhauer Martin Götze[47] fertiggestellt worden war, auf dem Dönhoff-Platz in unmittelbarer Nachbarschaft zum Stein-Denkmal eingeweiht werden, wurde später auf den Gendarmenmarkt transferiert, ist aber im Zweiten Weltkrieg verschollen. Eine auf Initiative des Regierenden Bürgermeisters Walter Momper hergestellte Rekonstruktion der Bronzestatue von 1907 wurde 2011 erneut auf dem Dönhoffplatz vor dem Preußischen Landtag aufgestellt. Auf dem Berliner Hardenbergplatz befindet sich zudem noch eine Büste des Staatskanzlers. Der Stein-Platz in Berlin-Charlottenburg muss ohne Büste auskommen…

Anmerkungen

1 Vgl. Heinz Duchhardt, Ranke ist ein vortrefflicher, geistvoller Geschichtsschreiber. Der Freiherr vom Stein und Leopold Ranke, in: Nassauische Annalen 131 (2020), S. 211-216, hier S. 212-214. Das entsprechende Schreiben Steins an Pertz in: Freiherr vom Stein, Briefe und amtliche Schriften Bd. VI, Stuttgart 1965, Nr. 917, S. 897. Es ging dort um Rankes Erstlingsschrift „Geschichten der romanischen und germanischen Völker von 1494 bis 1535".

2 Stein an Spiegel, 28. Nov. 1827: Freiherr vom Stein, Briefe und amtliche Schriften Bd. VII, Stuttgart 1969, Nr. 235, S. 250. In seinem Antwortschreiben ging Spiegel auf diese Empfehlung aber nicht mehr ein: Briefe Ferdinand Augusts von Spiegel zum Diesenberg, Domdechanten zu Münster und Erzbischofs von Köln, an Karl vom und zum Stein 1802-1831, eingeleitet und kommentiert von Wilhelm Kohl, Münster 1989, S. 207f., Nr. 98. – Ein weiterer Beleg für Steins Hochschätzung der „Fürsten und Völker": Stein an den Sekretär der Gesellschaft für ältere deutsche Geschichtskunde Lambert Büchler, 23. März 1829 (Briefe und amtliche Schriften VII, S. 491, Nr. 555).

3 Die serbische Revolution. Aus serbischen Papieren und Mitteilungen, Hamburg 1829.

4 Stein an Therese vom Stein, 30. Nov. 1829: Briefe und amtliche Schriften VII, Nr. 613, S, 676.

5 Erich Botzenhart, Die Bibliothek des Freiherrn vom Stein, in: Vierteljahrschrift für Sozial- und Wirtschaftsgeschichte 22 (1929), S. 331-372.

6 Stein an Pertz, 6. Nov. 1828: Briefe und amtliche Schriften VII, Nr. 388, S. 418.

7 Deswegen auch kein Brief Steins an Ranke nachgewiesen in dem Repertorium: Der Nachlass des Freiherrn vom Stein im Archiv des Grafen von Kanitz auf Schloss Cappenberg, 2 Teile, hrsg. von Norbert Reimann, Münster 2009. Zur Sache vgl. auch Duchhardt, Ranke (Anm. 78), S. 214.

8 Georg Heinrich Pertz, Das Leben des Ministers Freiherrn vom Stein, 6 (in 7) Bde., Berlin 1849-1855.

9 Heinz Duchhardt, Mythos Stein: Vom Nachleben, von der Stilisierung und von der Instrumentalisierung des preußischen Reformers, Göttingen 2008, S. 68.

10 Tagebücher von K. A. Varnhagen von Ense, Bd. 2, Leipzig 1861, S. 213.

11 Heike Rausch, Kultfigur und Nation. Öffentliche Denkmäler in Paris, Berlin und London 1848-1914, München 2006, S. 205.

12 Vgl. Duchhardt, Mythos Stein, S. 67.

13 Dazu jetzt Heinz Duchhardt, Ranke und der Orden „Pour le Mérite", in: H. D., Ranke-Studien, Berlin 2023, S. 83-108.

14 Heinz Duchhardt, Ranke und der Verdun-Preis, ebd., S. 111-146.

15 Vgl. Heinz Duchhardt, Arndts „Bestseller": Die Wanderungen und Wandelungen mit dem Reisfreiherrn vom Stein zwischen Hommage und politischer Standortbestimmung, in: Ernst Moritz Arndt in seiner Zeit: Pommern vor, während und nach der napoleonischen Besetzung, hrsg. von Dirk Alvermann/Irmfried Garbe, Wien/Köln/Weimar 2021, S. 125-139.

16 Patow schied 1858 wieder aus, sicher, weil die Mitgliedschaft im Verein und sein neues Staatsamt zu Interessenkollisionen hätten führen können, nicht, weil ihm der Verein zu „liberal" geworden wäre.

17 Friedrich Heinrich Ranke, Jugenderinnerungen mit Blicken auf das spätere Leben, Stuttgart 1877.

18 S. 64.

19 Leopold von Ranke, Hardenberg und die Geschichte des preußischen Staates von 1793-1813, 2. Aufl. Leipzig 1881, Bd. 3 (= Sämmtliche Werke Bd. 48), S. 71.

20 Ranke, Hardenberg, Bd. 3, S. 72.

21 NN an Finanzminister Patow, 24. Okt. 1859: GStA I. HA Rep. 151 (Finanzministerium) I C Nr. 8321,

22 Zu dem Akademiemitglied Olfers: Ignaz Franz Werner Maria von Olfers – Berlin-Brandenburgische Akademie der Wissenschaften (bbaw.de)

23 Zu dem Baubeamten und Baumeister Friedrich August Stüler vgl. den NDB-Artikel von Eva Börsch-Supan: Bd. 25 (2013), S. 627ff.

24 Zu dem Nazarener Peter von Cornelius vgl. kurz und prägnant den NDB-Artikel von Herbert von Einem: Bd. 3 (1957), S. 363ff. Cornelius wurde 1842 bei der Erstbesetzung des Ordens Pour le

Mérite dessen Mitglied und zugleich zum Vizekanzler bestellt und wurde 1862 Kanzler. – Da, wie es in den Akten heißt, von Cornelius' regelmäßiger Anwesenheit nicht ausgegangen werden könne, wurde mit dem Bildhauer Daege noch ein weiterer Kunstexperte hinzu gebeten. Vgl. Gesamtschreiben der Kommission an Prinzregent Wilhelm, 14. Jan. 1860: GStA I. HA Rep. 89, Nr. 20916, Bl. 19.

25 Zu Moritz Pinder, dessen Wahlvorschlag für die Aufnahme in die Berliner Akademie übrigens Ranke mitgezeichnet hatte, vgl. Moritz Pinder – Berlin-Brandenburgische Akademie der Wissenschaften (bbaw.de)

26 In Paris; vgl. Henz II, S. 486.

27 Zu dem Bildhauer Hugo Hagen, einem früheren Mitarbeiter Christian Daniel Rauchs, später (1867) nach Hermann Schievelbeins Tod an der Vollendung des Stein-Denkmals beteiligt, vgl. EuP, S. 472.

28 Das Schreiben Minister von Mühlers an Ranke vom Juni 1862 paraphrasiert in NBrr S. 415, Anm. 1.

29 Ranke an Mühler, 6. Juli 1862: NBrr S. 415f.

30 Die Medaille findet sich in der Datenbank des Berliner Münzkabinetts unter dem Link https://ikmk.smb.museum/object?lang=de&id=18216133. Sie zeigt eine Galeere mit Hardenberg als Steuermann. Freundlicher Hinweis Prof. Dr. Torsten Fried, Schwerin/Greifswald.

31 Vgl. oben den vorgängigen Aufsatz „Rankes Gutachten zum Berliner Reiterstandbild Friedrich Wilhelms III."

32 Vgl. Duchhardt, Mythos Stein, S. 74f.

33 Namen: Duchhardt, Mythos Stein, S. 72, Anm. 23

34 Duchhardt, Mythos Stein, S. 76

35 Gesamtschreiben der Kommission an den Prinzregenten, 14. Jan. 1860: GStA I. HA Rep. 89, Nr. 20916, Bl. 22 mit Bl. 23 (Einverständniserklärung des Königs, 1. Juli 1860). – Ranke traf in der fraglichen Zeit, dem Hochsommer 1860, wohl mehrmals mit dem Prinzregenten zusammen, so am 13. Juni zu einem Gespräch über die Militärgewalt von Monarchen und deren Kompatibilität mit liberalen Tendenzen der Regierung. Vgl. das Tagebuchblatt „Audienz beim Prinzregenten, 1860" in: SW 53/54, S. 584. Es kann nicht ausgeschlossen werden, dass am Rande eines solchen Gesprächs auch die Rede auf die Denkmäler kam.

36 Auch hier spielte die Symbolik eine Rolle: der 17. März 1863 war der 50. Jahrestag des bekannten Aufrufs Friedrich Wilhelms III. an sein Volk. Anweisung des Königs, 24. Dez. 1862: GStA I. HA Rep. 89, Bl. 66. Die Denkmäler-Kommission, und damit wohl auch Ranke, nahm an dem Festakt selbstverständlich teil.

37 So v. Donop, ADB 31, S. 188-191.

38 Dieser Entwurf wurde von der Denkmäler-Kommission (und unter Beteiligung Rankes) am 28. Dezember 1863 mit dem Künstler durchgesprochen (Gesamtschreiben der Kommission an den König, 21. Jan. 1864: GStA I. HA Rep. 89, Nr. 20916, Bl. 126ff.). Dabei ging es konkret um die Darstellung Steins (gestützt auf einen Stock: abgelehnt; in einem „idealen" Kostüm: abgelehnt). Das „ideale" Kostüm hatte Cornelius in Vorschlag gebracht; der sogenannte Kostümstreit war aber schon längst zugunsten der zeitgenössischen Montur entschieden. – Das scheint – archivalische Belege fehlen vorläufig aber – im Übrigen eine der letzten Sitzungen der Denkmäler-Kommission gewesen zu sein, die danach nicht mehr in Erscheinung trat.

39 Siehe Duchhardt, Mythos Stein, S. 79, mit Anm. 46 und 47.

40 Centralverein an König Wilhelm, 28. März 1862: GStA I. HA Rep. 89, Nr. 20916.

41 Gesamtschreiben der Kommission an den König, 15. Jan. 1863: GStA I. HA Rep. 89, Nr. 20916, Bl. 67.

42 EuP S. 554f.

43 EuP S. 472. Hagen war schon an dem Reiterstandbild Friedrichs des Großen beteiligt gewesen und war seit 1865 Direktor des Rauch-Museums in Berlin.

44 BBAW-A II-III, 116, Bl. 163. Vgl. auch Heinz Duchhardt, Ranke und die Preußische Akademie, S. 136f.

45 GStA I. HA Rep. 89, Nr. 20916, Bl. 255.

46 Das gedruckte Programm ging von der Teilnahme des Monarchen aus.

47 EuP S. 186.

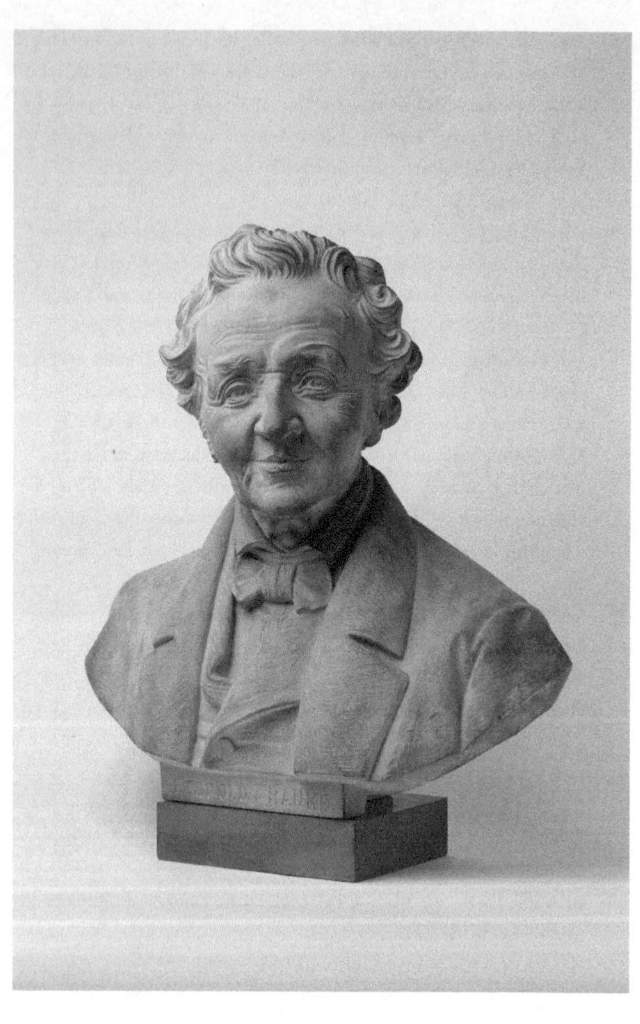

Die Göttinger Ranke-Büste

Die Göttinger und Berliner Ranke-Büsten: eine Spurensuche

Waren schon das Ableben und die Beisetzung Rankes für die Friedrich-Wilhelms-Universität Anlass und Herausforderung, ihren Emeritus mit allem Gepränge zu ehren – durch die Teilnahme des gesamten Lehrkörpers und der Studenten an der Beerdigung, durch einen studentischen Festakt, auf dem der Sybel-Schüler und Preußen- und Militärhistoriker Hans Delbrück eine Würdigung des Verstorbenen sprach –, so sollte knapp zehn Jahre später, 1895, sein hundertster Geburtstag erneut genutzt werden, den Historiker, der zu seinen Lebzeiten – und auch weit über seine Entpflichtung (1871) hinaus – ein Aushängeschild der Berliner Universität geworden war, zu ehren. Aber die einschlägigen Aktivitäten reichten selbstredend auch über Berlin hinaus. Am bekanntesten von diesen Zententarwürdigungen nichtliterarischer Art ist die Errichtung eines Denkmals in seinem Heimatstädtchen Wiehe im Unstruttal: einer Büste auf einem Granitsockel, die im Mai 1896 enthüllt wurde und die unter anderem deswegen erwähnenswert ist, weil sie ausschließlich aus Spenden von Privatpersonen und von in- und ausländischen Institutionen finanziert wurde, am Ende ohne einen finanziellen Zuschuss des Staates bzw. der Krone, um den durchaus nachgesucht worden war[1].

Ganz ähnlich wie in Wiehe, sollte es auch in Berlin (zunächst) um eine Büste gehen, obwohl dort, in der

Reichshauptstadt, in den Ministerien und wohl auch in den akademischen Institutionen, die Errichtung eines ganzfigurigen Standbilds Rankes durchaus zu den Gedankenspielen zählte. Die 1895 ins Gespräch gebrachte Ranke-Büste sollte im Auditorium Maximum, in dem Ranke jahrzehntelang seine Vorlesungen gehalten hatte (immer di-fr 11-12 Uhr), aufgestellt werden. Aber woher eine solche Büste nehmen, die den Universitätshaushalt nicht allzu sehr belastete? Die Universität, deren Senat sich wohl Ende Januar 1896, also ziemlich genau 100 Jahre nach dem Gedenktag (21. Dezember 1795), erstmals mit diesem Thema beschäftigte, war mit gutem Grund an die Familie herangetreten, also an die Erben (hier in Gestalt des ältesten Sohnes Rankes, des Pastors Otto als einer Art Sprecher seiner beiden Geschwister Friduhelm und Maximiliane von Kotze). Wenn man sich die sonstigen Aktivitäten der Erben vergegenwärtigt, die ganz deutlich darauf abzielten, aus dem Erbe des Vaters eher Geld zu machen statt in sein Gedächtnis zu investieren[2], kann es kaum überraschen, dass sie sich außerstande erklärten, eine Büste zu stiften. Aber diese Interpretation wäre dann doch zu einfach und griffe zu kurz, denn Otto von Ranke konnte immerhin darauf verweisen, dass nicht nur die Familie nicht im Besitz einer (metallenen oder marmornen) Ranke-Büste und deshalb auch außerstande sei, sie zu stiften, sondern dass ihr durch die Errichtung des Denkmals auf seinem Grab auf dem Berliner Sophienkirchhof erhebliche Kosten entstanden seien und dass man natürlich auch in Wiehe für das dortige

Denkmalprojekt einen ansehnlichen Zuschuss von der Familie erwarte. Der Ranke-Sohn verwies stattdessen auf eine Marmorbüste, die Ranke einem seiner „Frühschüler", dem (inzwischen, fast zeitgleich mit Ranke ebenfalls verstorbenen) ehemaligen Göttinger Professor und späteren „Präsidenten" der *Monumenta Germaniae Historica* Georg Waitz geschenkt habe und die nach seinem Kenntnisstand noch in der Familie Waitz vorhanden sein müsse (und von der sich im Haus Ranke lediglich ein Gipsabdruck erhalten habe)[3].

Man weiß nicht, aus welchem Anlass diese Schenkung erfolgt war, aber in der Familie hatte sich die Erinnerung bewahrt, dass die Büste von dem renommierten Berliner Bildhauer Friedrich Drake modelliert worden war. Drake, ein 1805 in Pyrmont geborener Schüler Christian Daniel Rauchs, 1837 in die Akademie der Künste gewählt, war 1847 mit dem Titel „Königlicher Professor" ausgezeichnet worden und hatte seit 1852 – mit Unterbrechungen – auch an der Berliner Kunstakademie gelehrt (und dabei Künstler geprägt, die ihrerseits – wie Alexander Calandrelli und Rudolf Pohle – es zu Ansehen brachten). Er hatte Denkmäler geschaffen wie das Justus-Möser-Denkmal in Osnabrück (1834-36), das Denkmal Friedrich Wilhelms III. im Berliner Tiergarten (1841-49), das Reiterstandbild König Wilhelms I. auf der Kölner Rheinbrücke (1859-67) und das Schinkel-Denkmal auf dem ehemaligen Schinkelplatz vor der Bauakademie (1861-69); er zählte also gewiss zur Prominenz der damaligen Berliner Bildhauerschule[4]. Er war zugleich aber Leopold Ranke aus der gemeinsamen

Zugehörigkeit zur Friedensklasse des Ordens Pour le Mérite eng verbunden; in den späten 1870er-Jahren rückte er sogar in das Amt des Vizekanzlers, also des Stellvertreters des Ordenskanzlers Ranke auf[5].

Aus anderen Quellen – dem Werkkatalog Drakes – weiß man, dass die Büste in der Tat 1866 entstand, ohne dass bisher geklärt ist, wer der Auftraggeber war: Waren das Rankes Schüler, die ihn zu seinem bevorstehenden Goldenen Doktorjubiläum (im damaligen akademischen Festkalender ein herausgehobenes Datum!) eine ganz besondere Reverenz erweisen wollten? Oder war es Ranke, dessen Sparsamkeit, um nicht von Geiz zu sprechen, freilich notorisch war und der mit einiger Wahrscheinlichkeit kein übergroßes Honorar für den Künstler ausgeworfen hätte? Oder war es etwa der Künstler selbst, der, sozusagen aus eigenem Antrieb, dem Ordensbruder ein Geschenk zu seinem Jubiläum machen wollte? Wir wissen es nicht; bis auf Weiteres muss diese Frage unbeantwortet bleiben.

An der besonderen Qualität dieser Marmorbüste kann allerdings kein Zweifel bestehen. Der Biograf Drakes hat sie aus kunsthistorischer Sicht wie folgt umrissen: „Was an diesem Porträt sofort auffällt, ist die Lebhaftigkeit des Dargestellten, hervorgerufen durch die Kopfwendung, den lebendigen Blick, die hochgezogenen Augenbrauen und den breitgezogenen Mund mit der aufgeworfenen Unterlippe, wobei sich nicht sagen lässt, ob er zum Lachen oder zum Reden ansetzt. Betont wird der Eindruck noch durch die Haare, die an den Seiten lockig abstehen und sich auf dem Kopf wellig auftürmen. Es ist ein durchfurchtes Altmännergesicht mit ausgeprägten Faltenzügen um Augen und Mund. Auch der Hals ist im Sinne einer realistischen Darstellung faltig wiedergegeben. Die Zeitgenossen lobten an der Büste Lebendigkeit und geistvolle Individualisierung". Abschließend hob der Autor noch einmal die „Lebhaftigkeit des Ausdrucks" hervor, die an die Büste des Theologen August Neander aus dem Jahr 1836 erinnere[6]. Der Hinweis auf Drakes Neander-Büste bestätigt die Vermutung, dass der Bildhauer Prominente aus der Berliner Wissenschaftslandschaft schon seit längerem im Blick hatte, was bei dem Ordensbruder Ranke dann wohl nur eines Anlasses bedurfte, um sich seiner künstlerisch anzunehmen.

Der Grund, warum diese Büste in die Hände Waitz' überging, bleibt wie manches andere im Dunkeln. War es ein „runder" Geburtstag Waitz' – eher unwahrscheinlich, denn der 1813 geborene Rechtshistoriker und Historiker feierte 1868 gerade einmal seinen 55. Geburtstag: an sich zu früh für aufwändige Geschenke dieser Art. Oder wollte ihn Ranke als seinen Kollegen bzw. nach 1871 gar Nachfolger damit aus Göttingen nach Berlin „locken"? Die edierte Ranke-Korrespondenz gibt darauf leider keine Antwort.

*

Es war allerdings Illusion zu glauben, dass diese Ranke-Büste von den Erben Waitz' an die Ranke-Erben oder auch die Friedrich-Wilhelms-Universität retourniert werden könnte oder gar zum Rückkauf stand. Denn Waitz, der fast zeitgleich mit Ranke 1886 verstorben war, hatte sie testamentarisch der Göttinger Universitätsbibliothek vermacht, also seiner vieljährigen Alma mater, der er trotz eines verführerischen Rufs nach Berlin von 1849 bis zu seiner Berufung an die Spitze der *Monumenta Germaniae Historica* 1875 die Treue gehalten hatte. In seinem Testament vom 23. April 1877 hatte Waitz verfügt, dass die „Drake'sche Büste Ranke's mit dem Piedestal" zunächst seiner Ehefrau Helene zufällt und nach ihrem Tod an die Universität Göttingen übergehen soll, wo sie „entweder in den historischen Saal der Bibliothek, oder, wenn es ein besonderes Lokal für historische Uebungen geben sollte", dort ihren Platz finden sollte[7]. Es gibt keine Nachrichten, dass diese testamentarische Bestimmung nicht eingehalten worden wäre; zu späteren rechtlichen Auseinandersetzungen um Kunstgegenstände zwischen der Familie und der Göttinger Universität, insbesondere zwei Tischbein-Gemälde, ist es wegen der Ranke-Büste jedenfalls nicht gekommen[8].

Dass über die Ranke-Büste anderweitig verfügt worden war, bestätigte sich dann auch nur zu rasch. Der Rechtshistoriker Heinrich Brunner, der den Brief von „Rektor und Senat" der Friedrich-Wilhelms-Universität an das Ministerium mit unterschrieben hatte, in dem die Frage aufgeworfen worden war, ob sich das Ministerium ggf. an den Kosten für einen Rückkauf beteiligen würde, hatte kurz nach dem Vorstoß seiner Universität die Witwe Waitz, die noch in Berlin lebte und mit der er offenbar in persönlichem Kontakt stand, aufgesucht. Sie hatte ihm verdeutlicht, dass die Ranke-Büste nach ihrem Tod aufgrund der testamentarischen Verfügung ihres Mannes definitiv an die Göttinger „Universitätsbibliothek" übergehen werde[9]. Sie stehe also nicht zum Verkauf, eine Veräußerung schließe sich aus. Allenfalls sei sie bereit, der Berliner Universität eine „unschädliche Abformung der Büste" zu gestatten. Auf dieses Angebot einer „Abformung" der Drake-Büste ist aber nach Aktenlage nicht mehr zurückgekommen worden, wobei sich bedauerlicherweise die Senatsprotokolle aus den fraglichen Wochen und Monaten des frühen Jahres 1896 im Universitätsarchiv der Humboldt-Universität nicht erhalten haben.

Und vielleicht wollte sich die Friedrich-Wilhelms-Universität auch gar nicht mit einer bloßen Replik begnügen? Denn schon der erste Brief der Universität an das Ministerium hatte die Finanzierungsfrage aufgeworfen und die Behörde ersucht, Gelder für einen Rückkauf oder aber der Verfertigung einer *neuen* Ranke-Büste zu bewilligen und vorzuhalten. Zwar nicht postwendend, sondern wohl nach Abklärung verschiedener rechtlicher und politischer Fragen im Mai 1896 erklärte sich das Ministerium bereit, für den Zweck des Kaufs oder der Verfertigung einer neuen Ranke-Büste, die die Universität unbedingt in ihrer Aula haben wolle, einen Betrag von 1500 Mark zuzusagen und zu reservieren[10].

Die Akten schweigen nun ein volles Jahr, ehe Heinrich Brunner, inzwischen Rektor der Friedrich-Wilhelms-Universität[11], dem Kultusminister Bosse mitteilen konnte[12], dass der Bildhauer Hartzer, der sich mit diesem Preis

– also den vom Ministerium vorgehaltenen 1500 M. – einverstanden erklärt habe, den Auftrag zur Anfertigung einer (neuen) Marmorbüste erhalten und jetzt geliefert habe. Die Universitätskasse, so Brunner weiter, möge vom Ministerium angewiesen werden, diesen Betrag auszuzahlen, der, so ist wohl zu ergänzen, vom Ministerium erstattet werde. Hartzers Empfangsbestätigung über das erlegte Honorar datiert vom 16. Mai 1897[13]. Einen Monat später wusste das Ministerium zu vermelden, dass die Hartzer-Büste nun in die Aula eingestellt worden sei. Ob das – was wahrscheinlich ist – mit einem kleinen Festakt verbunden worden war, spiegeln die Akten nicht wider.

Zur künstlerischen Qualität der Hartzerschen Büste kann kaum etwas gesagt werden. Die „Dioskuren" als führendes Rezensionsorgan erschienen schon seit 1876 nicht mehr, also lange vor der Verfertigung der neuen Ranke-Büste. Gutachten von Berliner Kunsthistorikern mögen vorliegen, sind aber bisher noch nicht erschlossen und aus den Archiven gehoben. Ob Hartzer – das ungewöhnlich günstige Honorar legt diese Vermutung nahe – sich am Ende doch „irgendwie" an der Drake-Büste orientiert hat?

Carl Ferdinand Hartzer, um ein Wort zum Künstler anzufügen, war natürlich kein unbeschriebenes Blatt, auch wenn er nicht die Berliner Bildhauerschule die Rauch und Drake von Beginn an durchlaufen hatte. Er hatte die Münchener und Dresdener Kunstakademien absolviert und war in Berlin als freier Künstler tätig gewesen. Für ihn, der auch großformatige Standbilder wie etwa das Celler Albrecht Thaer- und das Göttinger Friedrich-Wöhler-Denkmal geschaffen hatte, mag besonders gesprochen haben, dass er für die Aula der Göttinger Universität eine Reihe von Büsten gearbeitet hatte, darunter übrigens auch eine Waitz-Büste[14]. Nun fand eins seiner Werke auch in der Aula der Friedrich-Wilhelms-Universität seinen Platz. Für lokales Aufsehen sorgte wenige Jahre später seine Bronzebüste des Ministerialbeamten Friedrich Althoff für die Berliner Charité[15].

Aber damit endet die Spurensuche noch nicht, denn die von Hartzer verfertigte Berliner Ranke-Büste ist inzwischen verschollen. Die Kustodie der Humboldt-Universität glaubt, dass sie bis 1929 in der dortigen Aula gestanden habe und in den 1940er-Jahren verschollen sei[16], wobei es *rebus sic stantibus* sicher naheliegen würde, Kriegseinwirkungen anzunehmen. Ob sie inzwischen bei den Erben eines russischen Weltkriegsoffiziers im Wohnzimmer steht? Eine Übersicht aus den 1930er-Jahren über die Büsten der Universität im Universitätsarchiv der Humboldt-Universität[17] bestätigt, dass die Ranke-Büste Hartzers damals noch vorhanden war, ebenso wie Büsten Fichtes, Hegels, Lachmanns, Bopps, Boeckhs, Savignys, Niebuhrs und der Gebrüder Grimm, ausnahmslos Zeitgenossen Rankes. Außerdem soll heute in Berlin noch eine 2002 gefertigter Gipskopie der Drake-Büste von 1866 existieren, deren Standort in den Räumlichkeiten der Humboldt-Universität derzeit aber nicht bekannt ist.

Im Unterschied dazu hat sich die nach Göttingen überstellte Drake-Büste bis heute über alle Kriegs- und sonstigen Wirren hinweg erhalten und in den Räumlichkeiten der dortigen Universität – bis vor Kurzem im Historischen Seminar, heute in der Bereichsbibliothek Kulturwissenschaften – ihren Platz gefunden. Sie wird auch in den Bestandsübersichten der Göttinger Kunstgegenstände korrekt aufgeführt[18], und niemand denkt daran, sie in die Magazine zu verlagern. Ob dieses Drake-Exemplar wirklich erst nach dem Tod (1915) der zweiten Gemahlin Waitz', der Tochter des Generals Georg Julius von Hartmann, Helene, die nach dem Ableben ihres Mannes nach Hamburg umgezogen war, in den Besitz der Göttinger Universität gelangt ist oder vielleicht doch schon im Kontext ihres Umzugs nach Hamburg, bleibt im Dunkeln. Vielleicht helfen Göttinger Akten hier weiter. Sollte das Objekt wirklich noch fast zwei Jahrzehnte im Besitz der Waitz-Witwe verblieben sein und ihren Weg nach Göttingen von Hamburg aus angetreten haben? Man weiß es bis zur Stunde nicht.

*

Das mittlere und spätere 19. Jahrhundert hatte eine wahre Leidenschaft entwickelt, Büsten vermeintlich oder tatsächlich herausragender Persönlichkeiten zurückliegender Zeiten oder der jeweiligen eigenen Gegenwart zu sammeln. Für das vermögende Bildungsbürgertum war es eine Selbstverständlichkeit, den jeweiligen Haushalt mit – in der Regel gipsenen – Büsten Goethes und Schillers, Kants und Beethovens zu schmücken, oder aber mit Artefakten von Personen, die für die eigene Biografie wegweisend geworden waren. Im Hause Waitz in Berlin befanden sich beispielsweise Büsten von prominenten Familienangehörigen (Schelling) und von engen Freunden[19]. Wir haben aus dem familiären Umfeld, soweit ich sehe, keine Belege, dass auch der Haushalt Rankes zu seinen Lebzeiten mit solchen Büsten dritter Personen ausgestattet war. Man könnte sich somit nur vorstellen, dass das Büsten seines Leipziger Lehrers Gottfried Hermann und Barthold Georg Niebuhrs gewesen sein könnten, aber etwa auch seiner Freunde Jacob Grimm und Friedrich Karl von Savigny. Aber damit verlässt der Historiker den Boden gesicherter Erkenntnis und gibt sich dem Bereich der Spekulation hin, denn erhaltene Fotos oder die Erinnerungen von Familienangehörigen bestätigen eine solche kleine Galerie von Büsten Ranke nahestehender Persönlichkeiten nicht. Wohl weiß man dagegen, dass in Rankes Arbeitszimmer Bilder – signierte Fotos von Hochadligen, aber auch von Kollegen – aufgestellt waren[20]. Aber das wäre ein anderes Thema.

Anmerkungen

1 Vgl. den unten S. 98-110 abgedruckten Beitrag „Das Wiehener Ranke-Denkmal und der preußische Staat".

2 Vgl. die Belege bei Duchhardt, AR, S. 309f.

3 Das Ganze nach dem Schreiben der Universität an Kultusminister Bosse, 25. Jan. 1896: GStA I. HA Rep. 76, V f Lit. R Nr. 10, Bd. 2, fol. 182f. – Zu Georg Waitz' Biografie und den wissenschaftlichen, editorischen und wissenschaftsorganisatorischen sind die zum Teil sehr umfangreichen Nachrufe heranzuziehen, so insbesondere der Heinrich von Sybels in der Historischen Zeitschrift 56 (1886), S. 482-487, Wilhelm von Giesebrechts in den Sitzungsberichten der Bayerischen Akademie der Wissenschaften 1887, Bd. 1, S. 277-293, und Hermann Grauerts im Historischen Jahrbuch 8 (1887), S. 48-100 sowie die relativ kurze Würdigung im Neuen Archiv der Gesellschaft für ältere deutsche Geschichtskunde 12 (1887), S. 3-5. Vgl. ferner den ADB-Artikel von Ferdinand Frensdorff 40 (1896), S. 602-629 sowie jetzt Robert L. Benson/Loren J. Weber, Georg Waitz (1813-1886), in: Helen Damico/Joseph B. Zavadil (Hrsg.), Medieval Scholarship. Biographical Studies on the Formation of a Discipline, vol. 1 (History), New York 1995, S. 63-75.

4 Vgl. seine Kurzbiografie in: EuP, S. 439f.

5 Vgl. Heinz Duchhardt, Ranke und der Orden Pour le Mérite, in: Duchhardt, Ranke-Stud., S. 83-108, hier S. 93.

6 Volkmar Essers, Johann Friedrich Drake, 1805-1882, München 1976, S. 76. Ursprünglich machte mich Frau Dr. Christina Kuhli, Kustodin der Humboldt-Universität, auf dieses Zitat aufmerksam.

7 UA Gö Sekr. 251e. Dort finden sich verschiedene beglaubigte Abschriften des Testaments. Das Waitz-Testament, das nach 1877 noch kleinere Nachträge erhielt, wurde am 29. Mai 1886 eröffnet.

8 Im Hause Waitz befanden sich zum Zeitpunkt der Niederschrift des Testaments übrigens noch mehr Büsten, so eine Schellings und eine ihm aus dem Nachlass Pertz' geschenkte Böhmers. Vgl. demnächst meine kleine Studie über das Waitz-Testament im Archiv für Kulturgeschichte.

9 Heinrich Brunner an N.N. (Rektor?), 11. Febr. 1896: GStA I. HA Rep. 76, V f Lit. R Nr. 10, Bd. 2, fol. 184.

10 Kultusministerium an Rektor und Senat, 13. Mai 1896: GStA I. HA Rep. 76, V f Lit. R Nr. 10, Bd. 2, fol. 185. Die Entscheidung rekurrierte im Übrigen auf das Statut der Universität von 1836 (§ 3).

11 Zu Brunner vgl. den NDB-Eintrag von Karl Siegfried Bader (Bd. 2, 1955, S. 682 und jetzt vor allem Johannes Liebrecht, Heinrich Brunner (1840-1915), in: Festschrift 200 Jahre Juristische Fakultät der Humboldt-Universität zu Berlin, Berlin/New York 2010, S. 305-326.

12 Brunner an Kultusminister Bosse, 19. Mai 1897: GStA I. HA Rep. 76, V f Lit. R Nr. 10, Bd. 2, fol. 198.

13 Die beiden Dokumente in GStA I. HA Rep. 76, V f Lit. R Nr. 10, Bd. 2, fol. 199 und 200.

14 Katalog der Bildnisse im Besitz der Georg-August-Universität Göttingen, hrsg. von Karl Arndt, Göttingen 1994, Nr. 228.

15 Zu Hartzer vgl. Karl und Monika Arndt, Der Bildhauer Ferdinand Hartzer 1838-1906, Berlin 1986.

16 Freundlicher Hinweis Frau Dr. Christina Kuhli vom 3. April 2023.

17 UAB (HU), Rektor und Senat Nr. 107. Die einzelnen Bestandteile der Akte haben es im Übrigen in sich; so finden sich Aktivitäten der Studentenschaft zur Entfernung der Büste des (auch international hoch angesehenen) Kunsthistorikers und Akademiemitglieds Adolph Goldschmidt, und Maßnahmen, um die Büste des höchst integren und verdienten Archäologen Ernst Curtius auf das Reichssportfeld zu verbringen, weil er seinerzeit an der Erneuerung des olympischen Gedankens beteiligt gewesen sei.

18 Katalog der Bildnisse, Nr. 171. – In die Objektdatenbank der Universität Göttingen scheint die Büste gegenwärtig (August 2023) noch nicht aufgenommen worden zu sein.

19 Siehe oben Anm. 8.

20 Generell zum Thema Bildporträt in der Gelehrtenwelt einiges Material bei Hartmut Zwahr, Junge Gelehrte und ihre Sorgen, in: Karl Czok (Hrsg.), Wissenschafts- und Universitätsgeschichte in Sachsen im 18. und 19. Jahrhundert, Berlin 1987 (Abhandlungen der Sächsischen Akademie der Wissenschaften zu Leipzig, Philologisch-Historische Klasse Bd. 71, Heft 3, S. 211.

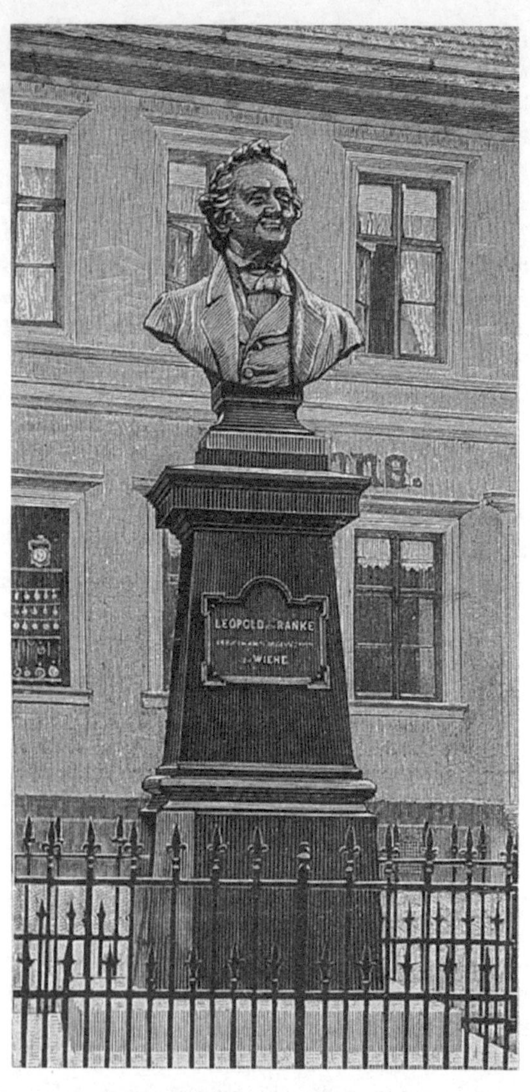

Das Ranke-Denkmal in Wiehe

(Zustand in der Zwischenkriegszeit)

Das Wiehener Ranke-Denkmal und der preußische Staat

Das im Umfeld der Feierlichkeiten zu Rankes 100. Geburtstag (1895) geplante und schließlich auch enthüllte Denkmal des großen Sohns des kleinen Städtchens im Unstruttal hat in etlichen Archiven seine Spuren hinterlassen: denen der Kommune und denen des ortsansässigen Ranke-Vereins, denen der Provinzialregierung und natürlich auch der Zentralregierung in Berlin, um von anderen Archiven und Nachlässen gar nicht zu reden. Im Folgenden wird das archivalische Material ausgewertet, das in Rankes Ministeriums-Personalakte – die Universitäts-Personalakte hat sich nicht erhalten – Eingang gefunden hat. Das Denkmal – keine Vollfigur, sondern „nur" eine Büste – interessiert nicht so sehr seines (freilich bachtlichen) künstlerischen Werts, sondern in erster Linie der Finanzierung wegen, die eher ungewöhnlich war, im 19. Jahrhundert aber als staatlich genehmigte private Finanzierung viele Parallelen hatte.

In Rankes Geburtsort hatte sich schon deutlich vor dem 100. Geburtstag des im Mai 1886 verstorbenen Historikers ein „Comité" gebildet, in dem sich unter Vorsitz des Bürgermeisters Hammradt eine Reihe von lokalen Honoratioren zusammengetan hatte – Stadtverordnete, der Amtsrichter, der Pfarrer, Lehrer, der Apotheker und Ärzte – mit dem alleinigen Zweck, für den prominenten Sohn des Städtchens ein Denkmal zu errichten.

Der – natürlich vom zuständigen Regierungspräsidenten in Merseburg approbierte – Spendenaufruf des lokalen „Comités“ datiert vom 22. April 1895[1], und die Wiehener Verantwortlichen nutzten seitdem auch sehr konsequent die überregionalen Medien, um auf ihr Projekt aufmerksam zu machen (und um Spenden zu akquirieren). So gelang es ihnen zum Beispiel, in das „Berliner Tageblatt“ vom 4. Mai 1895 eine Notiz zu platzieren[2], derzufolge eine Gruppe von Pariser Professoren Gelder für das Wiehener Denkmal gesammelt und gespendet habe – Ranke war in der Tat in Paris ja kein Unbekannter und unter anderem Korrespondierendes und seit 1860 Ordentliches (Auswärtiges) Mitglied der *Académie des Sciences morales et politiques*. Später, nach der Enthüllung der Büste und dem damit verbundenen Festakt, gelang es den Initiatoren sogar, die Münchener „Allgemeine Zeitung“ zu einem langen Bericht und zur Wiedergabe der Festrede zu gewinnen[3] – das reichsweit stark beachtete Presseorgan wurde damals von dem Ranke-Vertrauten und Verwalter des Nachlasses, Alfred Dove, herausgegeben[4], was sicher manches erleichterte.

Aber die medialen Werbemaßnahmen des Wiehener „Comités“ waren nur die eine Seite ihrer Aktivitäten, die nötigen Mittel für das Denkmal zu akquirieren. Die andere war, dass man gezielt auf die Krone zuging, um Ressourcen zu erbitten. Zuständig dafür, um möglichst nahe an den Monarchen heranzukommen, war zunächst das Hofmarschallamt, von wo das Petitum der Wiehener seinen Gang durch die Instanzen nahm mit dem Ziel, am Ende dem Kaiser einen substantiellen, Pro- oder Contra-Vorschlag zu unterbreiten. Der Instanzenzug sah als erstes das (fachlich zuständige) „Kultusministerium“[5] vor, das seit 1892 von dem Juristen Julius Robert Bosse[6] geleitet wurde – nebenbei: dem Initiator der Hitzefrei-Regelung an Schulen ab einer bestimmten Temperatur. Das Kultusministerium leitete den Vorgang weiter[7] an den regional zuständigen Regierungspräsidenten in Merseburg, den Grafen Constantin von Stollberg-Wernigerode[8]. Der wiederum, natürlich mit dem Projekt, aber nicht mit dessen Einzelheiten vertraut, schaltete dienstweggemäß den Landrat des Amtes Eckartsberga ein, zu dessen Sprengel Wiehe gehörte. Das dauerte seine Zeit, sodass das Kultusministerium sich am 8. Juni 1895 veranlasst sah, den Regierungspräsidenten zu mahnen und um „schleunige Erledigung“ zu bitten[9]. Eine Woche später übersandte Stollberg-Wernigerode den Bericht des Landrats[10] und ließ verlauten, dass der Plan des Denkmals nicht in „persönlichen Absichten“ gründe, sondern im selbstlosen Interesse der Initiatoren[11]. Das war den Herren im Berliner Kultusministerium dann freilich doch zu wenig, so dass nach Verlauf einiger Sommerwochen der Regierungspräsident ein neues Schreiben erhielt, mit dem er ersucht wurde, sich zur Art des Denkmals, den voraussichtlich entstehenden Kosten, den bisher eingeworbenen Geldern sowie zur Person des Künstlers zu äußern, der mit der Herstellung des Denkmals betraut werden solle[12]. Erst jetzt scheint man sich in Merseburg – umso mehr, als das Ministerium erneut um „schleunigste“ Erledigung ersucht hatte – wirklich ernsthaft mit der „causa Wiehe“ beschäftigt zu haben. Und dementsprechend war Stollberg-Wernigerodes neuer Bericht nach Berlin[13] dann auch relativ erschöpfend: Ein endgültiger Beschluss über die Art der Ausführung des Ranke-Denkmals sei noch nicht gefasst worden. Die bisher eingegangenen Spenden – 1614 Mark, von einem Zuschuss der Kommune sei zudem fest auszugehen, zwölf Universitäten und etliche Privatpersonen hätten Zuwendungen in Aussicht gestellt, sodass am Ende wohl eine Summe von 3000 bis 4000 Mark zusammenkommen werde – erlaubten es wahrscheinlich, das Artefakt in Bronze ausführen zu lassen. Es sei an eine Büste auf einem Granitsockel gedacht worden, deren Ausführung, so die gegenwärtigen Überlegungen, der Aktiengesellschaft Gladenbeck & Sohn in Friedrichshagen übertragen werden solle, die früher schon einmal eine Ranke-Büste verfertigt habe[14].

Auf dieser Grundlage wandte sich der Kultusminister – Kopien gingen an führende Beamte des Hauses, so (natürlich) an die „graue Eminenz“ Friedrich Althoff – an den Finanzminister Miquel[15], referierte den Stand der Dinge in Wiehe und kam zu dem Schluss, dass die dortige Initiative der Unterstützung wert sei. Da – und das ist ein Novum, das die bisherige Forschungsliteratur noch nicht erreicht hat – davon auszugehen sei, dass Ranke in nicht zu ferner Zukunft in Berlin mit einem seiner Bedeutung entsprechenden (ganzfigurigen) Denkmal geehrt werde, könne es in Wiehe nur darum gehen, dort etwas in „bescheidenen Grenzen“ zu errichten. Aber auch für die dort geplante Bronzebüste reichten die Mittel nicht aus, sodass das Kultusministerium beabsichtige, dem Kaiser die Gewährung eines Zuschusses von 1200 Mark aus seinem Dispositionsfonds zu empfehlen[16]. Es war damit klar: Das Kultusministerium wollte die Wiehener Aktivitäten unterstützen.

Das Finanzministerium sah das aber anders. In einem Brief vom 12. Januar 1896 – der 100. Geburtstag Rankes war inzwischen Geschichte – verwies das Finanzministerium darauf, dass es nur dann um eine Bezuschussung eines öffentlichen Memorials gehen könne, wenn es sich um Denkmäler „bedeutender" Männer und um große Kreise der Allgemeinheit berührende Interessen des Staates handele, also um eine „nationale Anerkennung". Dieser Sachverhalt wäre bei einem in Berlin zu errichtenden Ranke-Denkmal selbstverständlich der Fall. Aber es könne nicht Sache des Dispositionsfonds des Monarchen sein, auch noch für andere Denkmäler herangezogen zu werden, die letztlich doch nur lokale Interessen berührten. Deswegen sei in diesem Fall von der Inanspruchnahme des Fonds abzusehen, wie das auch in der Vergangenheit bei vergleichbaren Projekten immer geschehen sei. Einen ablehnenden Immediatbericht – im Kultusministerium hatte man natürlich erwartet, dass Miquel sich dem Votum des Kultusministeriums anschließen werde! – werde man gerne mit unterzeichnen[17].

Im Kultusministerium war man über die Absage des Finanzministeriums selbstredend nicht glücklich, aber das und der Hinweis auf Präzedenzvorgänge mussten als letztes

Wort gelten – „versüßt" allenfalls dadurch, dass bei einem zukünftigen vollfigurigen Ranke-Denkmal in der Reichshauptstadt einem Zugriff auf den Dispositionsfonds nichts entgegenstehe. Immerhin, im Bosse-Ministerium verfolgte man in den nächsten Wochen und Monaten die Entwicklung der Dinge in Wiehe weiter, wenn auch nur über die Presse. Nachdem die „Nationalzeitung" am 28. Mai 1896 über die Enthüllung der Ranke-Büste in Wiehe berichtet hatte[18] – und es kann nicht ausgeschlossen werden, dass der Kaiser bei Erhalt des (negativen) Immediatberichts darum gebeten hatte, in dieser Angelegenheit auf dem Laufenden zu bleiben –, wandte man sich noch einmal an den Regierungspräsidenten[19], um sich zu vergewissern, dass alle Kosten gedeckt seien oder ob es etwa noch Finanzierungslücken gebe. Nachdem Stollberg-Wernigerode bestätigt hatte, dass die Kosten vollständig gedeckt seien[20], wandte sich das Ministerium an den Kabinettsrat Dr. von Luccanus mit der Bitte, den Kaiser zu informieren, dass keine Finanzierungslücke mehr bestehe. Damit war für das Kultusministerium dieser Vorgang abgeschlossen.

*

Die Zeitungsberichte über den Wiehener Festakt werden die Beamten im Kultusministerium, die zu einem guten Teil ja Ranke persönlich kennengelernt und mit ihm vielfältig zu tun gehabt hatten, auch deswegen mit Interesse zur Kenntnis genommen haben, weil vor allem Theodor Lindners Festansprache einen Ranke, wie er leibt(e) und lebt(e), hatte entstehen lassen. Das bezog sich vor allem auf den akademischen Lehrer, wie ihn Generationen von Hörern erlebt hatten. Theodor Lindner, aus Schlesien gebürtig, unmittelbarer Schüler Rankes[21] und seit 1888 Professor in Halle[22], hatte in dieser Festrede die kleinen Skurrilitäten Rankes liebevoll und natürlich wohlmeinend angesprochen und dabei sicher für ein wenig Erheiterung gesorgt. Es war nicht die einzige Rede, die aus diesem Anlass gehalten wurde; in Anwesenheit einer begrenzten Zahl von prominenten Zuhörern, darunter des Berliner Historikers Max Lenz, hatten auch noch Otto von Ranke und (natürlich) der Wiehener Bürgermeister gesprochen; aber Lindners Rede übertraf sie dann doch an Schwung und Rhetorik, aber auch synthetischen Fähigkeiten und wurde deswegen sicher nicht zufällig in der Beilage zur Münchener „Allgemeinen Zeitung“ zur Gänze abgedruckt[23].

In guter rhetorischer Tradition machte Lindner, nachdem er eingangs von der aktuellen Konjunktur von Kriegsdenkmälern das Wiehener Denkmal für einen „Heroen friedlicher Arbeit“ abgehoben hatte, dem Ort des Geschehens seine Reverenz: ein kleines Städtchen, das ein Anrecht auf dieses Denkmal habe, weil hier das Vaterhaus des Protagonisten, dessen Geist dann die ganze Welt umspannte und der weltweit verehrt und bewundert werde, stand, mit dem sich die Reminiszenzen an seine Kindheit verbanden, in dem er, auch als Erfrischungsort, die freie Luft schätzen und lieben gelernt und die Natur als ein Lebensbedürfnis und als ein Werk Gottes erkannt habe. Als Historiker der für diese Provinz zuständigen Universität (Halle) sei es für ihn eine Ehre, hier zu sprechen, nicht nur als einer der vielen indirekten Schüler Rankes, sondern als einer, der noch zu Füßen des großen Historikers gesessen habe und ihm auch persönlich näher zu treten und sich auch über die Studienzeit hinaus „seines Wohlwollens zu erfreuen" die Ehre gehabt habe. Seine letzte persönliche Begegnung mit Ranke liege zwar schon rund fünfzehn Jahre zurück, aber er stehe ihm nach wie vor vor seinen Augen: mit dem leicht geröteten Antlitz, der „ausgeformten" Denkerstirn, den großen und lebhaften strahlend blauen Augen und der für ihn typischen Redeweise, manchmal stoßweise, dann aber unglaublich schnell dahinfließend.

Gerade diese Eigenart habe es den Hörern in seinen Vorlesungen nicht gerade leicht gemacht, „dem aus tiefster Gedankenfülle quellenden Vortrag zu folgen". Eine Vorlesung im Sommersemester 1864 sei ihm dabei besonders im Gedächtnis geblieben, die der englischen Geschichte gewidmet war. Ranke pflegte – diese von Lindner angesprochenen Eigentümlichkeiten werden im Übrigen von vielen anderen Seiten bestätigt –, wenn er das Katheder bestiegen hatte, auf dem Stuhl zurückgelehnt zunächst einige Augenblicke vergehen zu lassen – ein Mittel der Selbstkonzentration?, der Steigerung der Aufmerksamkeit des Auditoriums? –, ehe er zu sprechen begann. An diesem bewussten Tag habe das „vorbereitende Schweigen" aber deutlich länger als normal gedauert, ehe plötzlich der Redestrom geradezu aus ihm hervorgebrochen sei. Der habe aber gar nichts mit der englischen Geschichte zu tun gehabt, vielmehr habe Ranke in heftiger Erregung einen jüngst gegen ihn erhobenen Vorwurf zurückgewiesen, er schreibe Geschichte zugunsten der Fürsten und Höfe. Der öffentlich erhobene Anwurf sei nicht nur töricht gewesen, sondern entspreche auch nicht der Wahrheit und habe Ranke deswegen so erzürnt. Der Historiker müsse die Dinge nehmen, wie sie sich ihm zeigten, er müsse – das geradezu in den Rang eines „geflügelten Wortes" aufgestiegene Zitat von dem Selbst, das der Historiker gleichsam auslöschen müsse, findet sich im Vorwort der „Englischen Geschichte" – nur die Dinge reden, die „mächtigen Kräfte" erscheinen lassen.

Im Folgenden entwickelte Lindner eine Art Rankesche Historik, die der Meister freilich nie so und geschlossen zu Papier gebracht hatte. Objektivität sei das Ziel des Historikers, wie es Ranke vorgelebt habe: „Feurig in der Forschung, begeistert in der Anschauung, ruhig und gemessen im Urteil und in der Darstellung, so war Ranke". Nur in Parenthese: Gerade dieses „gemessen im Urteil" ist ihm von vielen Zeitgenossen als eine Art „Weichspülen" und Mangel an klaren Konturen mehr als einmal angekreidet worden. Rankes Ansatz sei, in seiner Erstlingsschrift von 1824 fassbar, die Quellenkritik gewesen, die kritische Sicht der Überlieferung und die Suche nach deren „echtesten Quellen". In seinen Darstellungen gehe Ranke vorrangig dem geistigen Leben nach, die „materiellen Betätigungen des menschlichen Daseins" übten auf ihn dagegen weniger Reiz aus. Ihn interessierten Personen, die etwas bewirkt, die die Welt beeinflusst hatten; „ihre Eigenart zu ergründen und darzulegen, war seine Lust".

Lindner übersieht freilich – zehn Jahre nach Rankes Tod – nicht den Wandel in der Geschichtsauffassung und -schreibung, die sich von einem theologischen zu einem juristischen und dann staatspolitischen und neuestens nationalen Ansatz verändert habe und heutzutage natürlich auch an der sozialen Frage nicht vorbeigehen könne. Ob freilich in der Wirtschaft nun geradezu den Schlüssel aller wissenschaftlichen Erkenntnis gefunden zu haben geglaubt werde, müsse erst einmal abgewartet werden. Unbeschadet dessen habe Ranke alle Momente der geschichtlichen Entwicklung, die in seiner Zeit im Fokus gestanden hätten, zu fassen und zu begreifen versucht. Ranke sei zu seinen Lebzeiten die staatlich-politische Seite als die „vornehmliche" in der Geschichte erschienen. Er habe zwar die literarische und die soziale Komponente nie ganz übergangen, sie aber doch nicht als „bewirkende", sondern als lediglich „begleitende" Erscheinungen empfunden. Aber grundsätzlich habe Ranke immer alle „Weltbewegungen" und ihre „Triebkräfte" im Blick gehabt. Im Übrigen sehe Ranke in aller Geschichte das Wirken Gottes, aber frei von jeder geheimnisvollen Mystik.

Die Wissenschaft, so Lindners Blick in die Zukunft, mag sich zwar erweitern, werde aber Rankes Forschungen nie entbehren können. Am gegenwärtigen Aufschwung Deutschlands habe auch Ranke „reichlich Anteil", weil er grundsätzlich den Sinn für Geschichte gefördert und die Bedeutung der „Staatsarbeit" der Hohenzollern ins Bewusstsein der Menschen gerückt habe. Mit dem patriotischen Aufruf, dass sich von diesem Denkmal „im Herzen Deutschlands“ frische Lebenskraft, der Geist versöhnlicher Gesinnung, ernster Prüfung und getreulicher Arbeit für das Ganze“ auf das Vaterland ergießen möge, beschloss Lindner seine Ausführungen, die, so ist zu vermuten, bei dem um die Ranke-Büste versammelten Teilnehmern lebhaften Beifall fanden.

Lindners Rede bewegte sich – abgesehen davon, dass er Ranke, wie er (körperlich) leibte und lebte, ein Denkmal setzte – auf dem schmalen Grat, einerseits Rankes ganz auf die großen, bewegenden Männer bezogenes Geschichtsbild zu konturieren, andererseits aber auch dem ständigen Wandel in der Entwicklung des Fachs Rechnung zu tragen, die gegen Ende des 19. Jahrhunderts schlicht andere Parameter bevorzugte als die Rankes. Es war eine Rede, die Ranke Gerechtigkeit widerfahren ließ, ohne ihm etwas anzudichten, was er noch nicht sein konnte: ein wirklich moderner, seiner Zeit vorauseilender Historiker.

*

Die Büste Rankes war schon vor der Festansprache Lindners enthüllt worden. In unmittelbarer Nähe des Rathauses hatte man ihr ihren Platz, auf einem Piedestal und einem Sockel aus Granit aufgesetzt, gewiesen, den sie seit eineinviertel Jahrhunderten noch heute hat. Die Bemerkung in der Korrespondenz, dass ein Vorgänger des Wiehener Artefakts auf der Grundlage anderer Materialien schon früher in den freien Verkauf gegangen war, darf nicht dazu verleiten, seinen künstlerischen Wert gering zu schätzen. Denn es kann angesichts der Bedeutung, die die zunächst in Berlin ansässige und dann ins Berliner Umfeld nach Friedrichshagen verlagerte Zinkgießerei Gladenbeck & Sohn für die Berliner Bildhauerschule hatte, wohl kaum daran gezweifelt werden, dass die Vorlage für das dort für Wiehe hergestellte Artefakt nicht von einem *no-name*-Handwerker erarbeitet worden war. Gladenbeck & Sohn hatte für den großen Christian Daniel Rauch gearbeitet und unter anderem drei Verkleinerungen seines berühmten Reiterstandbildes Friedrichs des Großen hergestellt und dessen Kant-Statue für Königsberg gegossen. Auch Friedrich Drake hatte seine Viktoria der Siegessäule in der Gladenbeckschen Bronzegießerei gießen lassen. Sollte es sich bei dem Wiehener Exemplar um einen Nachguss der Drake-Büste von 1866 handeln, von der an anderer Stelle die Rede ist? Der auf Fotos beruhende Vergleich der beiden Artefakte legt diese Vermutung nahe.

Wenn diese Annahme zuträfe, dann läge – um ins Irreale abzuschweifen – die Vermutung nahe, dass Ranke mit dieser Wiehener Ehrung sehr einverstanden gewesen wäre, hatte doch die ursprünglich in Marmor gearbeitete Drake-Büste seinerzeit seinen vollen Beifall gefunden. Durch die Veränderung des Materials kann sie kaum etwas von ihrer unbestrittenen (und von der Forschung thematisierten[24]) Ausdruckskraft verloren haben.

Anmerkungen

1 GStA I. HA Rep. 76, V f, Lit. R Nr. 10, Bd. 2, fol. 169.

2 Zeitungsausschnitt ebd., fol. 171.

3 Ebd., fol. 186f. und 190f. Die Rede des Ranke-Schülers Theodor Lindner in Jg. 1896, Nr. 122.

4 Vgl. auch Verena und Peter Stadler, Die Welt des Alfred Dove 1844-1916: Profil eines Historikers der Jahrhundertwende, Bern 2008, S. 86ff.

5 Die offizielle Bezeichnung lautete: Ministerium der Geistlichen, Unterrichts- und Medizinalangelegenheiten. Das Dienstgebäude stand damals noch Unter den Linden.

6 Zu Bosse vgl. den NDB-Eintrag von Walter Bußmann: Bd. 2 (1955), S. 484

7 Kultusministerium an Regierungspräsident Stollberg-Wernigerode, 11. Mai 1895: GStA I. HA Rep. 76, V f, Lit. R Nr. 10, Bd. 2, fol. 172.

8 1843-1905, Regierungspräsident des Bezirks Merseburg in der (preußischen) Provinz Sachsen seit 1894.

9 GStA I. HA Rep. 76, V f, Lit. R Nr. 10, Bd. 2, fol. 173.

10 Datiert vom 3. Juni 1895 (ebd., fol. 178). Der Landrat hob vor allem auf die Zusammensetzung des Comités, auf den (vom Oberpräsidenten der Provinz Sachsen genehmigten) Spendenaufruf und die Höhe der bisher eingeworbenen Gelder (1012 Mark) ab.

11 Ebd., fol. 174.

12 Kultusministerium an Stollberg-Wernigerode, 6. Aug. 1895: ebd., fol. 176.

13 Regierungspräsident an Kultusministerium, 24. Aug. 1895: ebd. fol. 177.

14 Über diese – offenbar in den Verkauf gegangene – Büste ist nichts bekannt.

15 Johannes von Miquel, seit 1890 Finanzminister. Außer den kurzen biografischen Würdigungen in der NDB (17, 1994, S. 553f., Rita Aldenhoff) und in der Frankfurter Biographie, hrsg. von Wolfgang Klötzer (Bd. 2, Frankfurt/M. 1996, S. 56-58, Thomas Bauer) ist vor allem noch auf die älteren Monographien von Hans Herzfeld (2 Bde.,1939) und Wilhelm Mommsen (1928) zu verweisen.

16 GStA I. HA Rep. 76, V f, Lit. R Nr. 10, Bd. 2, fol. 179f.

17 Miquel an Bosse, 12. Jan. 1896: Ebd., fol. 188f.

18 Nr. 339 vom 28. Mai 1896: Ausschnitt ebd., fol. 192.

19 Kultusministerium an Stollberg-Wernigerode, 22. Juli 1896: ebd. fol. 193.

20 Regierungspräsident an Kultusministerium, 8. Aug. 1896: ebd., fol. 194.

21 Berg, Leopold von Ranke, S. 222.

22 Lindner hatte nach kurzer Lehrtätigkeit an seiner Heimatuniversität Breslau seit 1876 an der Akademie in Münster gelehrt und war 1888 als Nachfolger Ferdinand Dümmlers nach Halle berufen worden. Er war von Ranke mit einer Dissertation über das Konzil von Mantua 1064 promoviert worden. Vgl. den Eintrag im Catalogus Professorum Halensis: Theodor Lindner (catalogus-professorum-halensis.de). Ein NDB-Artikel fehlt.

23 Rede bei der Weihe des Leopold v. Ranke in Wiehe errichteten Denkmals: Allgemeine Zeitung (München) Jg. 1896, Beilage Nr. 122 vom 28. Mai 1896, S. 1-3. Ausschnitt auch GStA I. HA Rep. 76, V f, Lit. R Nr. 10, Bd. 2, fol. 186/187 und 190.

24 Vgl. die in diesem Band oben S. 88f. wiedergegebene rezente kunsthistorische Würdigung.

Ranke, die Dresdner Gemäldegalerie und die Prager Museen

Ein Aufsatz aus dem Jahr 1827

Die Begeisterung, mit der Ranke auf seiner Forschungs- und zugleich Bildungsreise die Museen und Sammlungen von Gemälden und die Kirchen mit ihren Schätzen aufsuchte und sich in seinen Briefen dazu ausließ, legte es nahe, dass er sich auch zusammenfassend zur italienischen Kunst äußerte. In der Deutschen Monatsschrift „Nord und Süd" veröffentlichte er 1878, also just zwischen dem „Hardenberg" und dem Beginn des säkularen Unternehmens der „Weltgeschichte", eine über 50 Druckseiten umfassende Studie „Zur Geschichte der italienischen Kunst"[1], die die Herausgeber auch in die posthume Edition der „Sämmtlichen Werke" aufgenommen haben[2], indem sie sie zugleich mit einer Reihe von bis dahin ungedruckten Nachträgen angereichert haben. Die Studie behandelt nach einführenden Bemerkungen die Themenfelder Giotto und seine Nachfolger, die sogenannten Quattrocentisten, die Künstler im Übergang vom 15. und 16. Jahrhundert, die „Erinnerung" an Leonardo und Michelangelo, Raffael und Tizian und seine Zeitgenossen. Ranke führte dort einleitend aus, dass der Artikel nach seiner Rückkehr aus Italien im April 1831 niedergeschrieben worden und seitdem unberührt geblieben sei. Mit der rezenten kunsthistorischen Forschung könne er zwar nicht mithalten, er enthalte aber doch manches, „was noch nicht gesagt worden ist", so dass sich seine Publikation letztlich rechtfertige. In der knappen Einleitung versucht Ranke den Weg nachzuvollziehen, die traditionellen christlichen Darstellungen in Bezug auf Gesichter und Bewegungen der Natur „anzunähern", wofür für ihn vor allem Giotto steht. Er veranschaulicht das unter anderem an der Jungfrauenkrönung und dem Abendmahl in Sta. Croce in Florenz und den Fresken und Malereien der Kapelle der Arena von Padua, wobei es für Ranke ungemein typisch ist, seinen Befunden dann auch bei den unmittelbaren und mittelbaren Schülern des jeweiligen Künstlers, hier also Giottos, den Agnolo Gaddi, Spinello oder Andrea Orcagna, nachzugehen. Die Weiterentwicklung der Darstellungen von Gesichtszügen, aber etwa auch von den Händen der dargestellten christlich-mythischen Figuren verfolgt Ranke bei den „Quattrocentisten" weiter, also den Fra Angelico und Tommaso Guidi, Filippino Lippi und Botticelli, Domenico Currado und Andrea Mantegna, Carlo Crivelli und Ambrogio Borgognone, um nur die wichtigsten Künstler herauszugreifen. Dabei vermag er zwischen den verschiedenen „Kunstlandschaften" zu differenzieren und versteht die Rahmenbedingungen von Kunst (Bettelorden, Stadtverfassungen usw.) in seine Analyse einzubeziehen. Ohne auf die weiteren Kapitel dieses langen Aufsatzes ähnlich ausführlich einzugehen, spiegeln sie alle, wie fruchtbar Ranke seinen langen Aufenthalt in Italien genutzt hat, um Dutzende und Hunderte Kirchen und Sammlungen zu besuchen, um Wesentliches zu den italienischen Kunstlandschaften festzuhalten, und als Historiker, der aus anderen Gründen in Italien weilte, zugleich einen wichtigen Beitrag zur Menschendarstellung zu liefern. Dass das zu den Kernaufgaben auch eines Historikers gehöre, hat er am Ende zum Ausdruck gebracht: „Das Werdende in seinen Ursprüngen und seinen ersten Abwandlungen zu begleiten, hat einen unendlichen Reiz [...]. Diese Kunstwerke erscheinen in ihrer Gesammtheit als eine der größten Hervorbringungen des italienischen Geistes, des Geistes der abendländischen Nationen überhaupt. Sie sind zugleich Kunstübung und Poesie im innigsten Zusammenhange mit der Religion. Ihre Entwickelung zu vergegenwärtigen, ist nicht allein der Beruf der Kunstgeschichte, es bildet einen Theil der historischen Studien überhaupt"[3]. Freilich, ganz sicher fühlte sich der Historiker auf diesem Terrain dann doch nicht, denn sonst hätte er seinem Freund, dem Diplomaten und Historiker Alfred von Reumont, den er seinerzeit in Florenz kennengelernt und mit dem er seitdem in mehr oder weniger regelmäßigen Kontakt gestanden hatte (und dessen Aufnahme in die Preußische Akademie er initiiert hatte[4]), nicht die Korrekturbögen übersandt und ihn um Kommentare und ggf. Berichtigungen gebeten. Reumont ist dieser Bitte in der Tat nachgekommen[5].

Schon vor diesem langen und seine ganzen italienischen Erfahrungen spiegelnden Manuskript, seinem letzten überhaupt, das er in einer Zeitschrift publizierte[6], hatte Ranke unter dem Eindruck der ersten Stationen seiner Forschungsreise 1827 einen Aufsatz konzipiert, der die in der Dresdener Gemäldegalerie und in Prag befindlichen italienischen Malereien aufarbeitete. Dieser Aufsatz mit einem Umfang von knapp fünfzehn Druckseiten ist damals ungedruckt geblieben, wurde ebenfalls in die „Sämmtlichen Werke" aufgenommen[7], aber da dieses beinahe 150 Jahre alte Werk abseits der großen Staats- und Universitätsbibliotheken kaum zugänglich ist, rechtfertigt es sich, diesen alten Rankeschen Text hier noch einmal zu publizieren.

*

Während für den langen Aufsatz „Zur Geschichte der italienischen Kunst" eine autorisierte Fassung „letzter Hand" in Gestalt des Druckmanuskripts für die Zeitschrift „Nord und Süd" vorliegt, ist der hier zum Wiederabdruck gelangte kleine Aufsatz seit 1827 unbearbeitet geblieben, ruhte in Rankes alten (ungeordneten) Manuskripten und wurde erst von den Herausgebern des posthumen Bandes 51/52 seiner „Sämmtlichen Werke" aus dem Nachlass wieder hervorgeholt. Es fehlt also eine Version „letzter Hand" Rankes. Ob der Autor jemals die Absicht hatte, diese kleine Studie zu veröffentlichen, ist nicht bekannt und ist eher unwahrscheinlich, jedenfalls nicht in der Version von 1827. Man kann davon ausgehen, dass der eine des Herausgeberduetts, der Ranke-Schüler und -Sekretär Theodor Wiedemann[8], sich dieses Manuskripts angenommen und dafür gesorgt hat, dass es in die „Sämmtlichen Werke" aufgenommen wird. Man kann überhaupt nicht ausschließen, dass Wiedemann bei seinen tagtäglichen und -nächtlichen Gesprächen mit Ranke über gerade dieses Manuskript einmal (oder gar häufiger) gesprochen hat.

Wiedemann, seit 1870 zum zentralen Mitarbeiter Rankes und zu seiner unverzichtbaren wissenschaftlichen Stütze aufgestiegen, war, wie seine Forschungen zu Literaten der 1830er-Jahre, die mit Ranke in Verbindung gestanden hatten, erkennen lassen[9], kulturgeschichtlich umfassend interessiert. Es gibt zwar keine Belege, dass er auch zu kunstgeschichtlichen Themen im engeren Sinn publiziert hätte, aber von seinem Interesse an der Kunstgeschichte – und damit auch an dem, was Ranke dazu zu Papier gebracht hatte – kann bedenkenlos ausgegangen werden. Mit an Sicherheit grenzender Wahrscheinlichkeit ist er es gewesen, der den über ein halbes Jahrhundert alten Rankeschen Aufsatz à jour gebracht, also ergänzt und korrigiert hat. Schon die erste, sich über drei Seiten erstreckende Fußnote lässt erkennen, dass hier ein mit dem neueren kunstwissenschaftlichen Schrifttum wohlvertrauter „gestandener" Wissenschaftler an der Arbeit gewesen war, sicher keiner der dem „Nachwuchsbereich" zuzuordnenden *Amanuenses* Rankes.

Wiedemann verdankt sich auch der Hinweis, dass der Text in Rankes Handschrift der Mittzwanziger Jahre nur an einer Stelle – erkennbar an den Schriftzügen – später ergänzt wurde, und zwar an der Stelle, als Ranke ein Petrusbild beschreibt, das sich im Palazzo Pitti in Florenz befand und das Ranke erst nach 1827 kennengelernt haben kann.

Ob Ranke damit einverstanden gewesen wäre, einen Text aus seiner frühen Schaffensperiode ohne gründliche Überarbeitung in die Sammlung seiner „Sämmtlichen Werke" zu überführen, darf mit einigem Grund bezweifelt werden. Ranke war im Prinzip aus Gründen der Optik daran interessiert, möglichst viele seiner Frühschriften in die genannte Sammlung aufzunehmen, aber dann eben in den meisten Fällen doch erst nach einer gründlichen Revision. Dazu ist es in diesem Fall nicht gekommen. Kein Wunder deswegen, dass Rankes Aufsatz über weite Strecken jeden stilistischen Schwung vermissen lässt: Es war eine Sammelarbeit, in der ein Historiker Urteile über ihm mehr oder weniger zufällig vor die Augen gekommene Gemälde fällte, die oft an der Oberfläche blieben und sich in Qualitätsmerkmalen wie „schön", „lieblich", „ganz rein" erschöpften. Manche Passagen wirken zudem fragmentarisch und relativ zusammenhanglos; die verbindenden Worte sind eher die Ausnahme als die Regel. Ganz aus dem Rahmen fallen die Schlussbemerkungen zu den Zeichnungen Leonardos, Michelangelos und Raffaels, zumal er sie wohl kaum alle in Dresden und Prag studiert haben kann. Immerhin: Ansätze einer Kunstphilosophie sind zu erkennen, auch Rankes Beobachtung, dass sich die verschiedenen regionalen und gar lokalen Künstlerschulen am Ende unter Aufgabe ihrer Spezifika in Richtung einer „Nationalisierung", einer Kunstlandschaft Italien, entwickelten, wird für die Zeit als innovativ zu gelten haben.

Der Text zeigt einen noch jugendlichen, in seinen frühen 30er-Jahren befindlichen Historiker, der, noch ohne die ganz große Erfahrung der Kenntnis großer Museen und noch ohne den umfassenden Überblick über die im 15. und 16. Jahrhundert mit Abstand führende italienische Kunstproduktion, seine Maßstäbe zu entwickeln und in die Masse so etwas wie Struktur hineinzubringen sucht. Aber es waren dann doch sehr begrenzte, wiewohl für Museen nördlich der Alpen schon durchaus bemerkenswerte Bestände, auf die sich seine Urteile gründeten; für den ursprünglich in den kurz nach der Rückkehr nach Berlin und 1831 konzipierten und zu Papier gebrachten größeren Aufsatz über die italienische Kunst, den er 1878 publizierte, sah die Materialbasis natürlich um ein Vielfaches breiter aus. Der frühe Aufsatz spiegelt aber trotzdem anschaulich, wie der Historiker, der ja auch gleichzeitig studierter Theologe war und damit an der christlichen Kunst jener Zeit ein originäres Interesse haben musste, sich auf einem Feld zu beweisen suchte, das wenigstens von seiner Ausbildung her ein für ihn fremdes war, und wie er gleichzeitig das zu verifizieren suchte, was ihm die Literatur zur Verfügung gestellt hatte, etwa die Hochschätzung Raffaels.

Leopold Ranke war im Übrigen nicht der einzige aus dem Quintett der Ranke-Brüder, der eine beachtliche Affinität zur Kunst und speziell zur Malerei entwickelte. Sein viel jüngerer Bruder Wilhelm, lange Jahre ein wenig das „schwarze Schaf" der Ranke-Geschwister, der sich der Juristerei hingegeben hatte und parallel zum Staatsdienst als Unternehmer und Kunstsammler auftrat, mit dem Bruder Leopold oft über Kreuz lag, ihn auch schonungslos in Schriften, deren Druck die Familie zu verhindern gewusst hatte, kritisierte, hatte in den 1860er-Jahren nahe seinem Alterssitz „Rankenheim" eine Galerie aufzubauen begonnen, deren Bestände – überwiegend Kupferstiche, Zeichnungen und Kunstbücher – nach seinem frühen Tod (1871) von einem Berliner Auktionshaus versteigert wurden[10]. In Rankes Korrespondenz hat dieser Vorgang freilich – kurz nach den tiefen Einschnitten in seinem privaten und akademischen Leben – keine Resonanz mehr gefunden. Es ist auch nicht bekannt, dass er aus diesem Fundus das eine oder andere Objekt für die Ranke-Familie erworben hätte. Es gibt auch keinen Beleg, dass Leopold Ranke die „Gemälde-Galerie" seines Bruders, die ja bis wenigstens die frühen 1860er-Jahre in der Berliner Kochstraße untergebracht war (und dort auch besichtigt werden konnte[11]), jemals aufgesucht hätte.

Zurück zu Rankes Aufsatz von 1827. Er lag im Ranke-Archiv, dessen Bestände, vom Urheber abgesehen, seinerzeit niemand so gut kannte wie Wiedemann, unmittelbar der oben genannten Studie „Zur Geschichte der italienischen Kunst" bei, beschäftigte sich im Gegensatz zu ihr aber nur mit den in der Dresdner Gemäldegalerie, im Prager Böhmischen Museum (Ständische Gemäldegalerie) und in der (privaten) Prager Sammlung patriotischer Kunstfreunde – sowie natürlich in Kirchen – zugänglichen Kunstwerken. Für Wiedemann sind die im September 1827 auf dem Hinweg nach Wien und Italien, also noch ohne eigentliche Kenntnis der italienischen Kunstlandschaft gemachten Aufzeichnungen gleichwohl von biografischem Interesse, weil sie „in ihrer ursprünglichen Form sein künstlerisches Verständniß vor der italienischen Reise“ vergegenwärtigen, um so mehr als sie niemals einer Überarbeitung oder Revision unterzogen worden waren. Sie sind wohl seine allererste Niederschrift zur Kunst des Quattrocento und Cinquecento gewesen, die sich dann allerdings erst in Italien zu seiner vollen Begeisterung für die italienische Kunst auswuchs.

Denn Italien war der Fokus: Wenn man den Angaben dieses Aufsatzes vertrauen darf, interessierten Ranke die in Dresden versammelten Werke französischer, spanischer und niederländischer Maler überhaupt nicht; er wolle sein Auge an den italienischen Künstlern – oder solchen, die er für Italiener hielt – schulen und sich hier ein „Seh-Gerüst“ schaffen, das er dann in Italien weiter zu entwickeln suchen würde.

Zum Zeitpunkt, als Ranke die Dresdner Gemäldegalerie und dann die Prager Galerien aufsuchte, hatte er noch keine übergroße Erfahrung mit Gemälden und ihrer Zuordnung. Leipzig, wo er studiert hatte, war eine Bücherstadt, aber nicht unbedingt eine Stadt, in der Museen oder Privatsammlungen um die höchstwertigen Gemälde miteinander wetteiferten. Auf seiner Rheinwanderung nach Ende des Studiums 1814 wird er mit einiger Sicherheit in Köln die dortigen Kirchen mit ihren Kunstschätzen aufgesucht haben, aber das Wallraff-Richartz Museum wurde erst seit Mitte der 1820er-Jahre allmählich aufgebaut, existierte also noch nicht. Frankfurt an der Oder, sein erster Dienstort, verfügte noch über keine Museen, wohl aber seit Eröffnung des Königlichen Museums (1823) die preußische Hauptstadt, die Ranke auch in seiner Oberlehrerzeit ja oft (der Bibliothek wegen) sah, in der er auch schon 1822 von Frankfurt aus gezielt eine Kunstausstellung besuchte[12]. Es darf angenommen werden, dass Ranke zu den zunächst noch unregelmäßigen, seit seiner Berufung an die Universität aber regelmäßigen Besuchern des Königlichen Museums zählte. Das war ein Grundstock, aber zunächst noch ein schwacher. In Dresden, dessen noch im ehemaligen kurfürstlichen Stallgebäude am Jüdenhof untergebrachtes Museum ihm von seinem Schul- und Studienfreund und Lehrerkollegen Ferdinand Heidler mehrmals in den höchsten Tönen gepriesen und empfohlen worden war[13], und in Prag konnte Ranke also noch keinen großen Wissensschatz einbringen; er „lebte" wohl vor allem von den an den dortigen Gemälden angebrachten (spärlichen) Hinweisen auf Entstehungszeit und Künstler. Sicher hat er aber auch mit dem Museumspersonal über das eine oder andere Artefakt gesprochen.

Trotzdem: Mit seinen Zuweisungen an bestimmte Künstler lag Ranke in vielen – fast den meisten – Fällen falsch. Es war Wiedemann zu verdanken, dass die neuere, seit 1827 erschienene Literatur eingearbeitet wurde und falsche Zuweisungen korrigiert wurden. Man muss annehmen, dass Wiedemann zu diesem Zweck kurzfristig auch die drei Museen in Dresden und der böhmischen Hauptstadt aufgesucht hat und sich durch Autopsie von den „angepassten" Zuschreibungen überzeugt hat.

Im Folgenden wird so verfahren, dass die Zuschreibungen der (damals) neueren Forschung, soweit sie Wiedemann rezipiert hatte, ebenso wie dessen Kommentare in die Fußnoten gerückt werden, um eine unbehinderte Lektüre des Ranke-Textes herzustellen. Im Allgemeinen werden dabei auch die Wiedemannschen Formulierungen benutzt. Das Originalmanuskript Rankes hatte keine Fußnoten. Ergänzungen des Herausgebers werden in [..] und *kursiv* gesetzt. Das gilt auch für die aufgrund der Literatur[14] oder des Online-Katalogs der Dresdener Gemäldegalerie ermittelten aktuellen Katalognummern der den Krieg überstanden habenden oder wieder in den Besitz des sächsischen Museums gelangten Gemälde, dessen Kriegsverluste ja beträchtlich waren[15]. Die von Ranke behandelten, aber oft nur undeutlich beschriebenen Gemälde der Dresdener Galerie mit den alten Nummern von Julius Hübners „Verzeichniss der Königlichen Gemälde-Gallerie zu Dresden“[16] zu verifizieren, gelang nicht in allen Fällen[17].

Zur Geschichte der italienischen Malerei und den in der Dresdner Gemäldegallerie und zu Prag befindlichen Bildwerken [September 1827].

(Erstdruck: Leopold von Ranke, Sämmtliche Werke Bd. 51/52: Abhandlungen und Versuche, Neue Sammlung, herausgegeben von Alfred Dove und Theodor Wiedemann, Leipzig 1888, S. 315-328).

In St. Veit zu Prag sind viele Bilder des Thomas von Mutina[18]. In einer Capelle[19] stellt er das Leben Christi dar. Die Bilder sind der altdeutschen Schule ähnlich; an Färbung und alterthümlicher Fassung scheint der Christuskopf hervorzustechen, den er nach ererbten Formen malte.

In der Capelle Martinitz in St. Veit in Prag[20] wird ein Marienbild von Cimabue gezeigt[21], die Mater Gloriosa hält das Kind in ihren Armen; unter zierlichem Kopfputz, weiß, roth und blau, zeigt sich das reinste jungfräuliche Muttergesicht, die Nase ist länglich, die unteren Lippen etwas stark, das Kind mehr liegend als getragen, vornehmlich die Mutter so ganz rein und vollkommen gedacht und gebildet, daß man von dem Beschauen hingerissen wird.

Die Auffassung ist tiefsinnig, liebend und liebenswerth.

Florentinische Schule

In dem Bilde Giotto's, das die Dresdner Gallerie besitzt, herrscht der Rost des Alterthums; Eine Gestalt ist malerisch und geistreich, das übrige nicht von großem Wert[22].

Lionardo da Vinci's ganze Virtuosität erkennt man in dem Bilde Ludwigs des Mohren[23]. Das Gesicht dieses Menschen ist überaus nervig; in demselben prägt sich Ernst und Strenge aus; ist es Tiefsinn oder Schlauheit, was über dem Ausdruck des Einzelnen schwebt? Wie sind Bart, Haar, Hände, Gewand, die ganze Haltung so vollständig und groß. Man muß dieses Bild denen des Correggio und Tizian zugesellen, obwohl es früher ist.

Aus seiner Schule stammt das Bild: die Tochter des Herodes[24]. Ein furchtbarer und entsetzlicher Gegenstand wird hier dargestellt, jedoch auch wieder durch die Darstellung gemäßigt. Es ist, wie wenn sie selbst einen Abscheu vor dem hat, was sie thut. Mit Adel und Größe trägt sie das Haupt des Täufers. Das Gewand stimmt zu diesem bleichen und schönen Gesicht vortrefflich. Es dürfte die schönste Darstellung dieser entsetzlichen Geschichte sein.

Im Nationalmuseum zu Prag findet sich ein außerordentlich schönes kleines Bild von Fra Bartolommeo[25]. Vor der Mutter und dem Kinde erscheint der Stifter des Bildes, wie man aus dem heiligen Antonius, der ihm beigegeben ist, schließen darf, ein Antonio. Der Hintergrund ist dunkel gehalten; im Ganzen herrscht ein schöner Ausdruck; mit Einfachheit paart sich Fülle des Gefühls. Die Lilie, die Antonius hält, könnte die Reinheit des Bildes zu bezeichnen scheinen; doch fort mit so spielenden Gedanken!

Der erhabene Geist des Michelangelo Buonarroti tritt nur in vielen Nachbildnern hervor. In dem an einen Baumstamm gebundenen jungen Menschen, der der Feuertod leidet, ist allerdings seine Manier; aber dieses Bild reizt mich weniger, als das nach dem Meister ausgeführte Bild des Volterra[26]: eine heilige Familie[27]. Man will sie sich in allen Situationen denken und vergegenwärtigen. Von Volterra ist sie in mittäglicher patriarchalischer Ruhe dargestellt; Maria scheint in dem Buch, das sie mit der Hand faßt, eben gelesen und es weggelegt zu haben.

Von den großen Malern, die damals zu Florenz wirkten, findet sich nur Weniges in Deutschland.

Gimignano ist unendlich lieblich und vollkommen[28].

Bei Andrea del Sarto ist vornehmlich der Ausdruck seiner Köpfe, sowohl des Joseph, des alten Pflegevaters, des Zimmermanns, der dem Kinde den Laufwagen vorhält[29], als vor Allem der Abraham, dem der Engel in dem Augenblick erscheint, da er den Sohn tödten will[30], worin beide Gefühle dieses großen Momentes erscheinen - bewundernswürdig[31].

Mit ihm vereint sich Bigio, die Geschichte des David und der Bathseba vorzustellen[32]. In dem Bilde erscheint eine sehr antike Weise; aber es ist voll Leben und namentlich die Gestalten des David und Urias gelungen. Die nämliche Manier nehmen wir bei einem anderen Bilde des Bigio auf langer Tafel wahr; es findet sich darin eine reiche Architektur, aber der Gegenstand der Darstellung ist unverständlich und das Ganze nicht recht genießbar.

Es zeigt sich bald ein Einfluß Raphaels auf die Florentiner.

Penni gehört in Haltung und Färbung zu den Nachahmern Raphaels, aber seine Bilder erscheinen wie aus den Gedichten Pulci's abgesehen[33]. Sein heiliger Georg hat ein schönes jugendliches Gesicht; eine Betende steht hinter ihm. Es ist in dem Bilde Gemüth und Seele[34].

Von Bronzino giebt es schöne Porträts[35], das Cosimo's ist ganz vollendet[36] und den besten beizuzählen. In seinen Gruppen ist viel edler Ausdruck. Obwohl ich nicht leugnen will, daß mir in seiner Anbetung des Kalbes Mose doch etwas zu stark erscheint; der Contrast des Priesters vor dem Kalbe mit ihm ist indeß recht schön aufgefaßt und wiedergegeben.

Das Bildchen des Vasari dagegen macht auf mich keinen Eindruck[37].

Rosso Rossi[38] erinnert in seiner Diana zu Prag in episodischer Anordnung und im Colorit sehr an Vasari.

Aus einigen Bildern der späteren Zeit schien sich mir zu ergeben, daß sich poetischer Sinn in der florentinischen Schule, vornehmlich in den kleineren Bildern, länger als sonst erhalten hat.

Römische Schule

Als die Grundlage der römischen Schule könnte man jene kleinen Bilder ansehen, die mit denen des älteren Dosso und Francia's Eine Farbe haben und aus der früheren Schule Raphaels stammen sollen.

Ein Bildchen mit der Jahreszahl 1509 stellt die Anbetung der Könige dar[39]. Vielleicht sind in demselben die Arme links etwas zu weit vorgestreckt; aber die Gruppierung ist unendlich schön in alterthümlicher Haltung; in dem Ganzen ist reizendes Leben und Genius, vollendeter Ausdruck der Seele.

Daraus ist er selbst, der Meister, hervorgegangen. In diesem schönsten Bilde der Sammlung[40] hat sich die Strenge älteren Stils zu reiner und vollkommener Menschlichkeit entwickelt, welche wiederum göttlich ist. Wo ist eine schönere Gestalt von dem Gewand umfaßt worden? Es ist kein unendlicher Ausdruck gesucht, sondern Natur und Ideal sind Eins. Warum hat er diese Stirn der Mutter nicht noch höher, den Kindesausdruck nicht entschieden himmlischer gemacht? Eben darin liegt es! Menschliches Sein ist in seiner Individualität und Ganzheit gefaßt. Darum ist in der Barbara ein kleiner Anflug selbstgefälliger Weiblichkeit; so sind diese Engel wahre Knaben; sie könnten erwachsen und Männer werden.

Von der Schule Raphaels ist wohl am meisten Geist ausgegangen. Man findet in Vasari, wie mild und höchst liebenswürdig dieser große Mensch lebte und lehrte. So sind einige Bilder aus seiner Schule voll Geistes; sein Marienkopf[41], der doch im Ideal sich selbst wieder fallen läßt, wirkte so ideell auf die Nachkommenden fort.

Bagnacavallo ward viel bewundert[42]. In seiner Maria in der Glorie[43] ist Ernst und tiefe Ruhe; wahrhaftiges Gefühl des Göttlichen in dem im Nachdenken dasitzenden edlen Manne. Der poetischen Seele dieses Meisters steht der Himmel offen.

In dem Marienbilde eines unbekannten Schülers von Raphael ist ein unnachahmlicher schöner Johannes. Kindliches Begehren ward nie schöner abgebildet. Jedoch einen gleich vollendeten Ausdruck vermag ich in der Mutter und dem Kinde nicht zu entdecken[44].

Im Nationalmuseum zu Prag ist eine heilige Familie von Vaga[45] . Die Formen sind schön, raphaelinisch, wie das Colorit; aber eine recht frische Neuheit ist nicht darin.

In dem Bilde der Maria mit dem Becken[46] ruht der Geist Raphaels über Giulio Romano[47]. Die auswendige Gestalt erscheint erfüllt von dem, was Leben ist, nämlich der Seele. Sollte aber nicht das Kind in diesem furchtsamen Ausdruck, dieser Stellung etwas zu knabenhaft und ungöttlich sein? Es scheint mir in das Spielende zu fallen.

In den Mariagesichtern der Schule Raphaels finden wir etwas Stehendes; in den übrigen einen gesuchten Ausdruck; in dem Ganzen allgemach etwas Gemachtes.

Am wenigsten selbständig erscheint Garofalo in den mannigfaltigen Bildern, die von ihm gesehen werden[48].

In der Cäcilie[49] nähert er sich dem alten Stil. Das Bild ist etwas farblos; der Ausdruck jedoch rein und ungesucht; die Zusammenstellung zwar ohne große Einheit, aber sonst tadellos. Er wagt sich auch an symbolische Bilder. Man sieht Maria vor ihrem Kinde knieen; hier schon muß der menschliche Gedanke dem Symbol weichen; es schweben Engel mit Leidenswerkzeugen in der Nähe, andere aber in einer großen Gruppe darüber; eine dritte hoch oben deutet der Maria das Schwert, das durch ihre Brust gehen soll; ihr gegenüber zur anderen Seite des Knaben ein Engel mit der Dornenkrone. Wenn man gesagt hat, daß Garofalo den Raphael an Färbung übertreffe, so ist es wenigstens von dem diese Gruppen scheidenden Gewölk nicht zu sagen, das sich vielmehr etwas trocken ausnimmt[50].

Jedoch, sobald man zugesteht, daß das Symbol dargestellt werden kann, ist das Bild selbst anzuerkennen; die Schwierigkeit ist überwunden. Es macht auf die meisten, wenn sie auch des Symbols nicht gedenken, einen guten Eindruck. Der Meister ist es nicht werth, aber eines Schülers dieses Meisters.

Auch Garofalo greift in die antike Fabel; sein Bild eines Bacchuszuges[51] hat viel Leben, wenngleich es keinen höheren Eindruck macht. – Er stellte selbst diese symbolisch dar: Tugend und Neptun[52]. Das Bild ist unverständlich, barock und nicht so gemalt, daß man dies leicht vergessen kann.

Lombardische Schule

Von Andrea Mantegna ist in Dresden eine Verkündigung mit der Jahresbezeichnung 1450[53]: der Engel mit starken, obwohl nicht ausgebreiteten Flügeln; nicht gerade ätherisch; das Gewand faltig, aber hölzern; in strengem Stil, im Rost des Alterthums; auch die Jungfrau ebenso streng, sittig und hingebend. Hierzu paßt es, daß man in der Ferne einen aus Gottes Munde gehenden Strahl zur Taube werden sieht.

Es ist etwas Männliches, Ungeschicktes in dem Bilde, doch ist es gewiß gut gemalt.

Fast noch ungeschickter nehmen sich die Bilder von Ercole Grandi von Ferrara aus, obwohl er ein Zeitgenosse

Raphaels ist[54]. Die exaltirte Leidenschaft der Henker, die Gleichgültigkeit in diesen Krieger- und Mönchsgesichtern auf dem einen, der in Schlaf versunkene Jünger und die Verrätherei des Judas auf dem anderen Bilde sind stark und gut ausgedacht[55]. Doch streift es etwas an Caricatur. Warum? Der Maler scherzt mit seinem Gegenstande. Man sieht einen Knaben reitend auf dem Rücken der Mutter, und andere nur scherzweise zu fassende Gestalten. Wenn aber der Scherz sich ernster Darstellung bemeistert, so wird er unabsichtlich carikiren.

Zu diesem Bilderkreis gehören die älteren Stücke des Dosso Dossi[56] und des Francia, welche unendlich vollkommen im Kleinen erscheinen. Der im Tempel lehrende Christus des einen, - noch streng und systematisch -, die Anbetung der Weisen des anderen[57] sind gleich gefühlt, voll reizender Lebensfülle und schöner Färbung. Bald erhoben sich beide zu größeren Vorstellungen. Außer der Maria des Francia finde ich in Einfalt und Innigkeit seine Taufe Christi bewundernswürdig[58]. Die Engel hat er ganz menschlich gebildet; sie sind bekleidet; - in den nackten Gestalten der Erdbewohner ist Natur und keine Antitonie. Man nimmt Ruhe und Fülle in Haltung und Bewegung wahr. Allein in dem Ausdruck ist noch immer etwas Gebundenes.

Dosso Dossi's Kirchenlehrer[59] sind sehr wohl gedacht und gemalt. Auf der einen Seite erblickt man die Gelehrten in weltlichem Schmuck, einen als Papst, nachdenken und in den Büchern suchen; auf der anderen die Mönche, heilig und in Entzückung, das Geheimniß anschauend ergreifen; der Beschauer sieht es mit ihnen. In den Wolken erscheinen Gott Vater und die Jungfrau. Ob diese so gelungen sind, wie jene, will ich nicht sagen; sie sind ein wenig in der Entfernung gehalten; doch tritt der segnende Ausdruck Gottes über die in Wolken knieende Maria schön hervor[60].

Zuweilen wendet sich Dossi auch zu weltlichen Gegenständen. In der Darstellung des Traumes[61] finde ich die träumende Gestalt, welche zwischen Wachen und Schlafen schwankt, wie dem auf der einen Seite in der Gestalt des Morpheus, auf der anderen in der eines Hahnes, zunächst bei dem Gesicht, Schlaf und Wachen, angedeutet zu sein scheinen könnten, sehr gelungen. Morpheus und die Traumgestalten sind feenhaft, von vollkommener Wirkung.

Nicht minder gilt das von seinem die Gerechtigkeit[62] darstellenden Bilde; - es ist eine edle, hohe Gestalt mit dem Ausdruck der Strenge, bekleidet, lehnend an einem Baum; sie hat eine Wage in der Hand. Wie aber diese Wage nicht ganz das Gleichgewicht zeigt, wie man in den umgestürzten Geldgefäßen Zeichen einer Uebelthat wahrnimmt, so deutet das Ruthenbündel mit dem Beile genügend an, was hieraus erfolgen wird. Es ist die strenge Gerechtigkeit, das ist die ferraresische.

Man wird diese Meister nicht zu den Größen rechnen; doch ein wachsendes treffliches Bemühen, das seine Schranken durchbricht, ist in ihnen unverkennbar.

Neben diesen erhebt sich die Lebensfülle und gemüthliche Lust des Corregio. In einem Porträt, angeblich seines Arztes[63], zeigt er das erscheinende Leben in seiner ganzen Gestalt, wie Tizian es faßt; - einen Menschen, wie er leibt und lebt; ein etwas satirisches Lächeln, teils angedeutet, schwebt über dem Munde. Das Bild ist streng und glücklich vollendet; es soll zu seiner ersten Manier gehören. Wann aber malte er die Magdalena?[64] Es ist das vollkommenste kleine Bild, das man sehen kann: der dunkle Grund, die hingegossene Lage, die einfache und edle Draperie, das in der aufgestemmten Hand ruhende und von ihrem Druck aufwärts geschobene Haar, das Alles in Einem; zuletzt dies von dem ersten wahren Nachdenken ergriffene Gesicht. Wird dieses Nachdenken siegen? Man kann zweifeln. Aber der Moment ist sich selbst werth. – So faßt sich, wovon auch immer angeregt, ein Jeder in dem fortbewegten Leben einmal selbst.

Correggio erscheint sogleich der Darstellung des Geistigen, wie der Erscheinung, und jenes in dieser vollkommen mächtig. Welch eine Fülle des Lebens in den größeren Bildern! Welche anschauende oder zuhörende Hingebung in den Müttern; welche freudige Munterkeit und Gotthaftigkeit in den Kindern; welch ein Anbeten im Empfange der höchsten Wonne in den umstehenden greisen Männern[65]. Das göttliche Dasein erscheint ihm in vollkommenem und glänzendem Lichte; dieses Licht gehört zu seinen Bildern. Aber man wird nicht verkennen, daß sich Corregio auf der für natürliche Darstellung schlüpfrigsten Bahn befindet, und ich muß denen zustimmen, welche in mehreren seiner Bilder, auch in der Nacht, etwas zu viel Lächeln finden. Jedoch es ist so ein

Bild Form aus Einem Guß und ein Ganzes; Ausdruck und Licht, Lächeln und Entzücken sind völlig harmonisch; und so wird es uns immer unendlich reizen und vergnügen. Diese leuchtende Erscheinung göttlicher Natur bewirkt in Correggio nur Eines: Freude und Entzücken, Eine solche ist über seinen Bildern ausgebreitet[66].

Wie Tintoretto und Paolo Veronese zu Tizian, so möchten die Parmigianino's zu Correggio stehen. Ohne Zweifel hat auf jenen die Entwicklung Michelangelo's und Raphaels, auf diesen besonders die Raphaels eingewirkt. Es scheint, als habe sich, nachdem sich die einzelnen Schulen in den größten Meistern zur Vollkommenheit ausgebildet hatten, ein Allgemeines entwickelt in dem Bestreben und Versuch einer nationalen Malerei, zu der man sich immer mehr erhob, zu der schon Tintoretto und Paolo Veronese guten Theils gehörten. Die Einwirkung des Nationalen kann aber der Einzelne nicht sprengen.

Vielleicht ist dies ein Moment für die ganze Nation, daß sich etwas die Einheit Anstrebendes allenthalben geltend macht, und daß dadurch das Provinziale erdrückt wird, ohne daß eine wahre Einheit zustande käme.

In Parmigianino dem Aelteren ist schlechtweg ein übertriebener Ausdruck gepaart mit Unbedeutendem[67]. Der Ganymed[68] will nichts sagen, den der Adler faßt; aber der Adler sagt ein wenig zu viel; er drückt, wie mich dünkt, eine unschöne Inbrunst aus. In Maria mit dem Kinde ist der Kugel groß daliegende nackte Knabe nur als Symbol der Weltherrschaft zu fassen[69]; und die Mutter gehört zu den manierirten Raphaelinen. Doch ist in der

Behandlung Kühnheit und Meisterschaft nicht zu verkennen.

Ganz das Nämliche ist von dem jüngeren [Parmigianino][70] zu sagen. Seine Allegorien glücken dem Künstler völlig in der Manier der Maria und des Kindes[71], in Färbung, Gestalt, geistiger Beherrschung des Stoffes; es sollte fast scheinen, als wären sie von Einer Hand.

Entsetzliche Stellungen erscheinen auf dem Bilde des Niccolò dell'Abate[72] , in welchem Paulus, wie er den Streich des Henkers zu empfangen im Begriff steht[73], dargestellt ist. Man kann fragen, wie man so etwas malen könne. Die Ausführung ist gut; doch ein höheres Verdienst ist dabei nicht.

Gewiß ist der Ausdruck bei diesen Malern gesucht und übertrieben; er verläßt die Eigenheit. Auf diese Schulen pflanzen sich die Carracci.

Spätere Entwicklung durch die Carracci

Es ist, wie bemerkt, in dieser späteren Epoche ein allgemeines Ineinanderwirken der Schulen vorhanden. Man leidet an gesuchtem Ausdruck. Das gilt für Tintoretto, Paolo Veronese, Parmigianino, Abate, Pippi, Garofalo, Bronzino. Man leidet zugleich auch an zu mannigfaltigen Zusammensetzungen.

Halten die Carracci auf diesem Wege nun ein? Sie befestigen ihn vielmehr. Sie waren Bewunderer des Correggio und ahmten ihm nach. Der Matthäus des Annibale Carracci[74] ist eine offenbahre Nachahmung vornehmlich des Georg; der Schwung der auffahrenden Maria ist ohne

Zweifel Raphael abgesehen. Allein dabei ist Vieles mit Verstand geändert; es zeigt sich eigene hervorbringende Kraft.

Unter den Schülern der Carracci wohl der bedeutendste ist Guido Reni. Er sucht den Geist noch näher zu fassen, als seine Vorgänger, aber der Ausdruck wird verflacht, die Gesichter gehen ins Moderne über; indeß bieten seine Bilder viel ganz Schönes.

Was macht nun aber, so fragen wir, den eigentlichen und begrifflichen Unterschied zwischen ihm und den großen Meistern? Wollen sie nicht beide Gemüth und Seele vornehmlich darstellen; suchen sie nicht beide das Ideal?

Jene fassen es mittelbarer, in Form der Natur, wesentlicher, menschlicher; dieser faßt es unmittelbarer, sogleich geistig – wenn man so will, noch reiner. Der heutige unbewanderte Mensch wird den letzteren in seinen Bildern sogleich verstehen und liebgewinnen; für die ersteren wird ihm einiges Studium von Nöthen sein. Allein in dem unmittelbaren Ausdruck Reni's liegt mehr Bewußtes, in dem anderen mehr Unbewußtes. Jener streift an die Allegorie; dieser gibt wirkliches Dasein wieder. Eben darum wird man von jenem gesättigt; hier erscheint unvergängliches Leben und wahre Tiefe. Jenes ist ein Bilden von oben her, vom Gedanken aus; dieses ist ein Emporsteigen aus der Erscheinung zu dem Geiste. Tritt dort der Geist hervor, so fehlt viel, daß die Erscheinung vollständig da wäre; oft mangelt sie eben ganz. Tritt hier der Geist hervor, wie in Tizian, so ist die Erscheinung ganz davon durchdrungen und durchsichtig geworden.

Man hat bemerkt, daß die Köpfe des Guido Reni dem übrigen Körper selten entsprechen; - sein Ideal beruht in der That ganz auf dem Gesicht; - diejenigen Stücke von ihm, welche den meisten Eindruck machen, werden immer Brustbilder sein; ich finde dies nothwendig.

Alle die mannigfaltigen Nuancen des Schmerzes weiß er auszudrücken; - bald wie in dem Bilde des Franz von Assisi in Dresden[75] des hingegebenen Schmerzes, der Schmerz erwartet; der Heilige schlägt an seine Brust; - bald desjenigen, der, so zu sagen, keiner mehr ist; im heiligen Sebastian sehen wir einen jungen Menschen in voller Jugendblüthe, einen eben erst männlich gewordenen Leib, zierlich bis auf die Hände mit vollem, reichem Haar; dieser vollkommene Leib ist mit drei Pfeilen verwundet; er muß sterben; doch in dem Gesicht ist beinahe Nichts von Schmerz, es ist alles Anbetung und Hoffnung[76]. Oder es ist ein Petrus, dessen faltige Stirn und thränenvolles Auge die Worte ausdrücken, zu denen sein Mund sich öffnet. Was sind diese Worte wohl? Es ist ein zerknirschtes Sündenbekenntniß. Oder er stellt uns das bittende, fürchtende, gütige, bleiche Gesicht der Mutter Gottes dar. Oder ihren Sohn, den Dulder, gar oft mit der Dornenkrone; es ist ein langes Leiden, das ihn abgezehrt hat und in den Muskeln seines Gesichts und seiner Hände zu lesen ist. Die Darstellung findet sich mehrmals in Dresden[77], einmal in Prag und hier in vorzüglicher Ausführung[78]. Der Ausdruck des gottergebenen, edeln, idealen Gemüths ist unzweifelhaft, allenthalben derselbe, unverkennbar für jeden, der ihn einmal gesehen hat.

Carlo Dolci müssen wir als den unmittelbaren Fortsetzer des Guido Reni betrachten[79]. – In Dresden befinden sich mehrere Brustbilder von ihm; vornehmlich berühmt ist unter ihnen Christus mit dem Kelche[80], - eine himmlische Erscheinung, ein Ideal für katholische und protestantische Geistliche, aufgegangen im Ausdruck der Heiligkeit und Begeisterung, so daß Nichts mehr übrig ist, als dieses. Alsdann seine Maria zu Prag, - ebenfalls vom Gefühl hingerissen.

Unfehlbar sind diese Bilder die schönsten ihrer Zeit; - sie haben den größten Erfolg gehabt; - sie leben noch jetzt in tausend unbefangenen Gemüthern. Darum sind sie indeß nicht schön, noch den Werken des vorhergegangenen Jahrhunderts zu vergleichen.

In Francesco Albani finde ich völlige Manier; in seinen Bildern kehrt das nämliche Sujet immer wieder: Mütter und Kinder[81], Venus und Amoren[82].

Guercino hat ebenfalls Lieblingsgegenstände; die ganze Geschichte der Venus und des Adonis[83] hat er gemalt. In seinen Bildern ist ein gesuchter Ausdruck.

Bei Tiarini bemerke ich nichts sehr Besonderes; der Ausdruck ist scharf[84].

Caravaggio, dessen Naturnachahmung durchaus nicht so grell ist, wie man sagt, hat schöne ausdrucksvolle Gesichter; aber seine Erfindung leidet wohl etwas an Armuth; wir treffen unter seinen Bildern viele Kartenspieler, Wachtstuben und Verwandtes an[85].

Bemerkungen über Handzeichnungen und Studien

Nichts schöner, als der Christus mit der Ehebrecherin von Fra Bartolommeo. Das Gesicht Christi ist wehmüthig, gütig strafend. Er hat eine Menge Männer mit dem Buch.

Unübertrefflich sind die Studien des Lionardo da Vinci. Seine Köpfe sind naturgetreu und charakteristisch. Unter den Handzeichnungen ist besonders ein Blatt merkwürdig, das er in hohem Alter, über achtzig Jahre alt, gemalt: mit vier Bildern, die sich vervollständigen. Es ist eine schöne Frau, die man von hinten sieht, erst in Ruhe, dann wieder in Gang: oben dasselbe noch einmal deutlicher; - endlich das eigene Bild: klein, ganz vollkommen, hart wie Marmor und doch weich; es ahmet die weiche Behandlung des Marmors nach.

Unter den Handzeichnungen Raphaels ist hervorzuheben der Hirt, dem die Geburt des Herren angemeldet wird. Sein Ausdruck ist fragend, der des Engels antwortend.

Vinci sucht es in den Köpfen, Michelangelo in den Muskeln, Raphael in der Bewegung, der Stellung, Grazie.

Anmerkungen

1 Nord und Süd Bd. 5 (1878), S. 50-73, 151-172.

2 SW 51/52, Leipzig 1888, S. 245-314. Ranke hatte den Wiederabdruck dieser Studie ursprünglich für Bd. 49 der SW vorgesehen, die unter „massivem Zeitdruck" stehenden Arbeiten an der „Weltgeschichte" hatten das aber verhindert. Vgl. Henz II, S. 126.

3 S. 172

4 Heinz Duchhardt, Leopold von Ranke und die Preußische Akademie der Wissenschaften, in: Forschungen zur Brandenburgischen und Preußischen Geschichte 32 (2022), S. 129.

5 Der Briefwechsel zwischen Ranke und Reumont vom 7. bzw. 27. März 1878 bei Hermann Hüffer, Alfred von Reumont (Zur Erinnerung an das fünfzigjährige Bestehen des Historischen Vereins für den Niederrhein 1854-1904), Köln 1904, S. 202f. – Die Forschungen zu Reumont haben in den zurückliegenden Jahren an Zahl und Gewicht unverkennbar zugenommen; vgl. Frank Pohle (Hrsg.), Alfred von Reumont (1808-1887): Ein Diplomat als kultureller Mittler, Berlin 2015; Felix Schumacher, Der preußische Diplomat und Historiker Alfred von Reumont (1808-1887): Ein Katholik in Diensten Preußens und der deutsch-italienischen Kulturbeziehungen, Berlin 2019.

6 Vgl. Henz II, S. 156.

7 SW 51/52, S. 315-328.

8 Zu ihm Duchhardt, Sekr.

9 Duchhardt, Sekr., S. 143-153.

10 Vgl. Markus Vette, Wilhelm Ranke (1804-1871). Skizzen eines Lebensweges, der mehr als eine Familienangelegenheit Leopold von Rankes ist, Rastenberg 2014, S. 102. Wilhelm Ranke war auch als Autor eines kunstkritischen Buches („Verirrungen der christlichen Kunst") hervorgetreten, das immerhin drei Auflagen erreichte und in dem er gegen die in seinen Augen durch römische Einflüsse hervorgerufenen Momente der Nackheit und Gewalt bei Heiligen zu Felde zog. Vgl. ebd., S. 106f.

11 Vgl. Vette, S. 68.

12 Ranke an Heinrich Ranke, 18. Okt. 1822: SW 53/54, S. 101.

13 Vgl. Heidlers Schreiben an Ranke vom 18. Jan. 1818 und vom 25. Sept. 1819: GA Nr. 26, S. 62ff.

14 Andreas Henning/Harald Marx/Uta Neidhardt, Gemäldegalerie Alte Meister in Dresden, München/Berlin 2007. Fortan: Henning/Marx/Neidhardt.

15 Dazu akribisch und umfassend Hans Ebert, Kriegsverluste der Dresdener Gemäldegalerie: Vernichtete und vermisste Werke, Dresden 1963.

16 Zugänglich war mir der Neudruck der 4. Auflage, Dresden 1876.

17 Die alten Katalognummern werden als „Hübner + Nr.“ ebenfalls in die Fußnoten gesetzt.

18 Tomaso Buzacarino, genannt Tomaso da Mutina, der auf Aufforderung Kaiser Karls IV. im Jahre 1357 Italien verließ und sich nach Prag begab.

19 Der des Hl. Wenceslaus.

20 Auch als Silvester-, Andreas- oder Lobkowitzkapelle bezeichnet.

21 Man nimmt gegenwärtig *[i. e. 1888]* an, dass es vielmehr von Thomas von Mutina stammte.

22 Das unter dem Namen Giotto's angeführte Bild der Dresdner Gemäldegallerie – es stellt die Geburt Christi dar – kann nicht als solches gelten, was schon vor länger als sechs Decennien erkannt worden ist; vgl. Aloys Hirt, Kunstbemerkungen auf einer Reise über Wittenberg *[und Meissen]* nach Dresden und Prag *[Berlin 1830]*, S. 25, 27. Man hält es für ein Werk der toskanischen und wohl mit größerem Recht der ferraresischen Schule aus der zweiten Hälfte des fünfzehnten Jahrhunderts.

23 Das unter dem Namen des Lionardo da Vinci angesprochene Bild stammt weder von diesem her, noch stellt es Ludovico Sforza il Moro dar. Dasselbe gehört vielmehr, wie von *[Johann Gottlob von]* Quandt im Jahre 1846 eingehend erwiesen ist (Kunstblatt XXVII, Nummer 9, S. 36, vgl. *[Heinrich]* Wilhelm Schultz, Karl Friedrich von Rumohr *[, sein Leben und seine Schriften, Leipzig 1844]*, S. 58, *[Gustav Friedrich]* Waagen, Der Herr Hofrath Hirt als Forscher über die Geschichte der neueren Malerei, *[Berlin 1832]*, S. 27, zu den vornehmsten Bildern von Hans Holbein dem Jüngeren, dessen Namen es auch vor dem Uebergang in die Dresdener Gallerie getragen hat (Alfred Woltmann, Holbein und seine Zeit, 2. Aufl. *[Leipzig 1876]*, S. 429. Darüber, welche Persönlichkeit porträtirt ist, sind die Meinungen getheilt; von Ludwig dem Mohren kann nach Lage der Sache nicht mehr die Rede sein. *[Nach den neuesten Forschungen stellt Holbeins Gemälde den französischen Diplomaten Charles de Solier, Sieur de Morette, dar und wird auf 1534/35 datiert. Holbein muss das Bild während einer diplomatischen Mission des Franzosen am englischen Hof gemalt haben. Mehr zum Bild und seiner Provenienz bei Henning/Marx/Neidhardt, S. 111. Gal.-Nr. der Dresdener Gemäldegalerie: 1890]*.

24 *[Hübner 31]*.

25 Vielmehr von Bernardino Luini.

26 Die Autorschaft des Daniello da Volterra ist wenigstens nicht sicher.

27 Daniello Ricciarelli, nach seiner Vaterstadt Daniello da Volterra genannt, ist um 1509 geboren und am 4. April 1566 verstorben.

28 Das eine lange Zeit hindurch Gimignano zugeschriebene Bild – Maria, das Jesuskind und der kleine Johannes *[Hübner 72]* - wird jetzt wieder, wie früher, als von einem unbekannten Meister herrührend bezeichnet und als um die Mitte des sechzehnten Jahrhunderts aus der lombardischen Schule hervorgegangen betrachtet.

29 *[Das Bild – Die heilige Anna selbdritt – wurde im Zweiten Weltkrieg vernichtet: Ebert, Kriegsverluste, S. 24, Nr. 65]*.

30 *[Abrahams Opfer, um 1527/29: Hübner 44; Gemäldegalerie Dresden, Galerie Alte Meister, Gal.-Nr. 77; vgl. auch Henning/Marx/Neidhardt, S. 32f.]*

31 Andrea del Sarto, dessen eigentlicher Name Andrea d'Angelo war, ist am 17. Juli 1486 in Florenz geboren und daselbst am 22. Januar 1531 *[tatsächlich wohl schon am 29. Sept. 1530]* verstorben. Das Bild, das in der Gemäldegalerie als solches des Andrea del Sarto angeführt wird, hat zwar die Beischrift von dessen Namen; allein dieselbe ist gefälscht; die übereinstimmende Ansicht der Kenner geht dahin, daß diese heilige Familie von Vincenzo di Biagio, genannt Catena, gemalt ist.

32 Francesco di Cristofano, genannt Francia Bigio, geboren zu Florenz 1483 und daselbst 1524 verstorben *[wohl eher 1482 bis Januar 1525]*. – Das unter dem Namen des Francia Bigio ausgeworfene Bild *[Hübner 41]* stammt von Francesco d'Ubertini, genannt Bachiacca vgl. Hirt, Kunstbemerkungen *[Anm. 22]*, S. 30ff. auf Grund einer in der florentiner Edition der Werke Vasari's vom Jahre 1771 *[Vite de' più eccellenti pittori, scultori ed archittti, Livorno 1771]* vorkommenden, von *[Gaetano]* Milanesi in seiner Ausgabe *[Le opere di Giorgio Vasari, con nuove annotazioni e commenti, Firenze 1878]* III, S. 592 N. 4 herübergenommenen Bemerkung); über den dargestellten Gegenstand ist der Catalog der Königlichen Gemäldegalerie zu Dresden von Carl Woermann, Große Ausgabe (*[Dresden]* 1887) S. 57 unter Nummer 80 zu vergleichen.

33 Giovanfrancesco Penni, zu Florenz geboren 1488, zu Neapel verstorben 1528; er führt den Beinamen Il Fattore. – Die Ansicht von Iwan Lermolieff (d. i. Giovanni Morelli), Die Werke italienischer Meister in den Gallerien von München, Dresden und Berlin. Ein kritischer Versuch. Aus dem Russischen übersetzt von Johannes Schwarze, S. 140, daß die ohne Begründung dem Penni beigelegte Darstellung des heiligen Georg ein Werk des Dosso Dossi sei, wird von anderen Kennern gebilligt. *[Gemäldegalerie Dresden, Alte Meister, Gal. Nr. 124; Datierung: 1540]*.

34 *[Hübner 80]*.

35 Agnolo di Cosimo di Mariano, mit dem Beinamen Bronzino, zu Monticelli bei Florenz 1502 geboren und am 23. November 1572 verstorben. *[Handelt es sich um Hübner 53?]*.

36 *[Hübner 51]*.

37 Giorgio Vasari, am 30. Juni 1511 in Arezzo geboren und am 27. Juni 1574 in Florenz verstorben.

38 Giovan Battista di Jacopo Rosso de' Rossi war zu Florenz am 8. März 1494 geboren und ist zu Paris im Jahre 1541 verstorben. Das Bild wird in dem Verzeichniß der Gemäldegallerie der Privatgesellschaft patriotischer Kunstfreunde vom Jahre 1838 S. 50 aufgeführt, es fehlt in dem von 1872 *[Verzeichnis der Kunstwerke in der Gemälde-Galerie der Privatgesellschaft patriotischer Kunstfreunde zu Prag, Prag 1872].*

39 Auf der „Anbetung der Könige" sind die Figuren den vatikanischen Tapeten Raphaels entlehnt; die Jahreszahl (1509), die undeutlich ist, wird jetzt 1564 gelesen, doch ist sie früher auch von anderen als 1509 gelesen worden.

40 *[Sicher gemeint: Raffael, Die Sixtinische Madonna. Hübner 67; Gemäldegalerie Dresden, Galerie Alte Meister, Gal.-Nr. 93; 1512/13. Vgl. auch Henning/Marx/Neidhardt, S. 28f.]*

41 *[Hübner 53 ?].*

42 Bartolommeo Ramenghi, zu Bagnacavallo im Gebiet von Ferrara im Jahre 1484 geboren und zu Bologna im August 1542 verstorben.

43 *[Hübner 84].*

44 *[Möglicherweise Lorenzo Lotto, Maria mit Kind und dem kleinen Johannes, 1518: Gemäldegalerie Dresden, Galerie Alte Meister, Gal.-Nr. 194A; vgl. auch Henning/Marx/Neidhardt, S. 27].*

45 Piero Buonaccorsi, nach seinem Meister Perino del Vaga genannt, ist am 29. Juni 1500 zu Florenz geboren und am 19. Oktober 1547 in Rom verstorben.

46 *[Gemeint wohl die Madonna della catina; Hübner 82].*

47 Giulio Pippi, zu Rom 1492 geboren und 1. November 1546 gestorben.

48 Benvenuto Tisi, geboren 1481 zu Garofalo im Ferraresischen, gestorben zu Ferrara 6. September 1559.

49 *[Wohl Hübner 143].*

50 *[Gemäldegalerie Dresden, Galerie Alter Meister, Gal. Nr. 133; 1517. Das Gemälde wurde im Krieg zerstört: Ebert, Kriegsverluste, S. 63. Nr. 134].*

51 *[Gemäldegalerie Dresden, Galerie Alter Meister, Gal. Nr. 138; um 1540; vgl. auch Henning/Marx/Neidhardt, S. 36].*

52 *[Hübner 141 ?].*

53 Das ehemals auf Grund einer gefälschten Beischrift, die bei einer im Jahre 1840 vorgenommenen Restauration beseitigt wurde, dem Andrea Mantegna zugeschriebene Bild ist keinesfalls von der Hand desselben, wenngleich Ernst Förster, Geschichte der italienischen Kunst, *[Leipzig 1878]*, V, S. 239, die alte Tradition festhält und über den Ursprung des Gemäldes die Ansichten auseinander gehen; es wird von einigen der altflorentinischen Schule, insbesondere Antonio del Pollajuolo, von anderen der ferraresischen, entweder Baldassare Estense oder Francesco Cossa, zugeschrieben; Milanesi, Le opere di Giorgio Vasari *[Anm. 32]* III, S. 415, N. 1. Die letzte Annahme, die zuerst von Iwan Lermolieff, *[Die Werke italienischer Meister]*, S. 129 aufgestellt ist, dürfte gegenwärtig der meisten Zustimmung sich erfreuen. *[Merkwürdigerweise kommt Ranke auf Mantegnas viel bekannteres Bild „Die Heilige Familie" mit keinem Wort zu sprechen. Gemäldegalerie Dresden, Alte Meister, Gal.-Nr. 51].*

54 *[Ranke thematisiert]* die Alterthümlichkeit der Bilder. Das Bild „Der im Tempel lehrende Christus" ist dem Garofalo, dessen Namen es in der Gallerie zu Modena, aus der es nach Dresden kam, geführt hat, von der neuesten Forschung zurückgegeben.

55 *[Hübner 149].*

56 Giovanni Niccolò di Lutero, genannt Dosso Dossi, im Mantuanischen um 1479 *[oder um 1469]*. geboren, 1542 verstorben.

57 *[Hübner 435].*

58 *[Hübner 437; Gemäldegalerie Dresden, Galerie Alte Meister, Gal.-Nr. 48; 1509; vgl. auch Henning/Marx/Neidhardt, S. 26].*

59 *[Hübner 135].*

60 *[Gemeint wohl das im Krieg vernichtete Gemälde „Die Disputation der Kirchenväter" (Ebert, Kriegsverluste, S. 28, Nr. 129) und nicht die „Disputatio der Immaculata Conceptio mit den vier Kirchenvätern und dem hl. Bernhardin" Letzteres wird inzwischen wohl Garofalo zugewiesen: Gemäldegalerie Dresden, Galerie Alter Meister, Gal. Nr. 137; um 1525].*

61 *[Hübner 136].*

62 *[Die italienischen Schulen. II. Die Italiener bis zum Ende des XVI. Jahrhunderts. (Woermann 1887) – Wikisource (Zugriff am 20. Juli 2023). – [Hübner 131].*

63 Das als Arzt des Correggio bekannte Bild *[Hübner 156]* spricht man nach den Erörterungen von Julius Meyer in dem von ihm herausgegebenen Künstler-Lexikon *[Allgemeines Künstler-Lexicon, Leipzig 1872]* I, S. 362 fast allgemein diesem Maler ab, wie denn auch zur Zeit stark in Zweifel gezogen wird, dass die „Büßende Magdalena" ein Originalbild Correggio's sei.

64 *[Hübner 153].*

65 *[Die heilige Nacht, 1522/30: Hübner 154; Gemäldegalerie Dresden, Galerie Alte Meister, Gal.-Nr. 152. Vgl. Henning/Marx/Niedhardt, S. 34f.].*

66 *[Beispiel: Hübner 155].*

67 Francesco di Filippo Mazzola (Mazzuoli) zu Parma *[bekannter unter dem Namen Parmigianino]* am 8. März 1504 *[tatsächlich: 11. Januar 1503]* geboren, am 24. August 1540 zu Casalmaggiore verstorben.

68 Die Annahme Hirts *[Kunstbemerkungen, Anm. 22]* S. 44, daß das Bild „Raub des Ganymedes" *[Hübner 165]* von Girolamo da Carpi stamme, ist von einem der namhaftesten Kunsthistoriker der Gegenwart erneuert worden.

69 *[Hübner 164].*

70 Girolamo di Melchiorre Bedoli, der bei seiner Vermählung mit der Tochter des Bruders von Francesco's Vater im Jahre 1515 den Familiennamen Mazzola annahm; sein Todesjahr fällt nach 1566.

71 *[Hübner 163].*

72 Niccolò dell'Abate, Sohn Giovanni's di Abate, ist in Modena im Jahre 1512 geboren; er verstarb zu Fontainebleau 1571 *[beide Daten unsicher].*

73 *[Hinrichtung der Apostel Petrus und Paulus: Hübner 169].*

74 *[Thronende Madonna mit dem heiligen Matthäus, 1588: Hübner 451 (?); Gemäldegalerie Dresden, Galerie Alte Meister, Gal. Nr. 304; vgl. auch Henning/Marx/Neidhardt, S. 44f.].*

75 *[Hübner 2073].*

76 Zu Prag in der Gallerie der patriotischen Kunstfreunde nach dem Verzeichniß vom Jahre 1838 (S. 30); in dem von 1872 (S. 28) wird das Bild Annibale Carracci zugeschrieben.

77 *[Hübner 474, 475, 479].*

78 In der Sammlung der patriotischen Kunstfreunde.

79 Carlo Dolci, zu Florenz geboren im Jahre 1616 und daselbst 1686 verstorben.

80 *[Hübner 63].*

81 *[Beispiel: Die Ruhe auf der Flucht; im Krieg vermisst: Ebert, Kriegsverluste, S. 67, Nr. 301].*

82 *[Hübner 494-498].*

83 *[Hübner 506-508. – Die Gemälde „Venus an der Leiche des Adonis" und „Der Tod des Adonis" fallen unter die Kriegsverluste: Ebert, Kriegsverluste, S. 34, Nr. 364 und 366].*

84 Francesco *[tatsächlich: Alessandro]* Tiarini, geboren zu Bologna am 26. *[tatsächlich: 20.]* März 1577 und daselbst am 8. Februar 1668 verstorben.

85 *[Hübner 176-178, 181].*

Anhang

Siglen- und Abkürzungsverzeichnis

BBAW-A
: Berlin-Brandenburgische Akademie der Wissenschaften, Archiv

GStA
: Geheimes Staatsarchiv Preußischer Kulturbesitz Berlin

UAB [HU]
: Universitätsarchiv (HU) Berlin

UAGö
: Universitätsarchiv Göttingen

SW
: Leopold von Ranke, Sämmtliche Werke, Bde. 1-53/54, Leipzig 1867-1890.

BW
: Leopold von Ranke, Das Briefwerk, hrsg. von Walther Peter Fuchs, Hamburg 1949.

NBrr
: Leopold von Ranke, Neue Briefe, gesammelt und bearbeitet von Bernhard Hoeft, hrsg. von Hans Herzfeld, Hamburg 1949.

ADB
: Allgemeine Deutsche Biographie, 56 Bde., Leipzig 1875-1912.

NDB
: Neue Deutsche Biographie, Bd. 1-[27], Berlin 1953-[2020].

Berg

Gunter Berg, Leopold von Ranke als akademischer Lehrer. Studien zu seinen Vorlesungen und seinem Geschichtsdenken, Göttingen 1968.

Duchhardt, Sekr.

Heinz Duchhardt, Rankes Sekretär: Theodor Wiedemann und die Bücher-Werkstatt des Altmeisters, Berlin 2021.

Duchhardt, Stud.

Heinz Duchhardt, Ranke-Studien, Berlin 2023.

Duchhardt, AR

Heinz Duchhardt, Der Alte Ranke: Politische Geschichtsschreibung im Kaiserreich, Berlin 2023.

EuP

Peter Bloch/Sibylle Einholz/Jutta von Simson (Hrsg), Ethos und Pathos: Die Berliner Bildhauerschule 1786-1914, Berlin 1990.

Henz I, II

Günter Johannes Henz, Leopold von Ranke in Geschichtsdenken und Forschung, 2 Bde., Berlin 2014.

Abbildungsverzeichnis

Personenregister

Leopold Ranke wird im Register nicht als Stichwort ausgeworfen. Die in den Anmerkungen genannten *historischen* Personen werden berücksichtigt, nicht aber die Verfasser von Forschungsbeiträgen. Die (wenigen) *im Text* genannten Autoren moderner Forschungsliteratur werden *kursiv* gesetzt.